NOTICE

HISTORIQUE ET GÉNÉALOGIQUE

SUR LES

PREMIERS SIRES DE POIX

SUR LES SEIGNEURS

ET LA

MAISON DE MOYENCOURT

(EN PICARDIE)

DEPUIS L'AN 1175 JUSQU'EN 1868

PAR

M. CUVILLIER-MOREL-D'ACY

Archiviste-Généalogiste

Auteur de plusieurs ouvrages sur la Noblesse, et possesseur des *Notices*
généalogiques sur toutes les familles nobles de France.

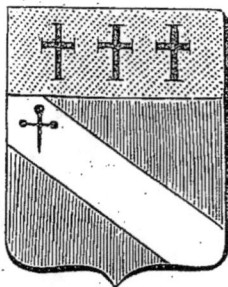

PARIS

CHEZ L'AUTEUR-ÉDITEUR

RUE DE LA BAROUILLÈRE, 2,

1868

MAISON DE MOYENCOURT

IN CRUCE VINCES

DALGER   2·C FX.

ARMES : *Écartelé, aux 1ᵉʳ et 4ᵉ de gueules, à la bande d'argent,
chargée en chef d'une croisette fichée de sable ; au chef d'or,
chargé de trois croix potencées de sable*, qui est de MOYENCOURT ;
aux 2ᵉ et 3ᵉ burelé d'argent et de sable de neuf pièces, qui est
DE MELLINCOURT. — Supports : *Deux lions au naturel.* —
COURONNE de Vicomte. — Devise : *In cruce vinces.*

1867

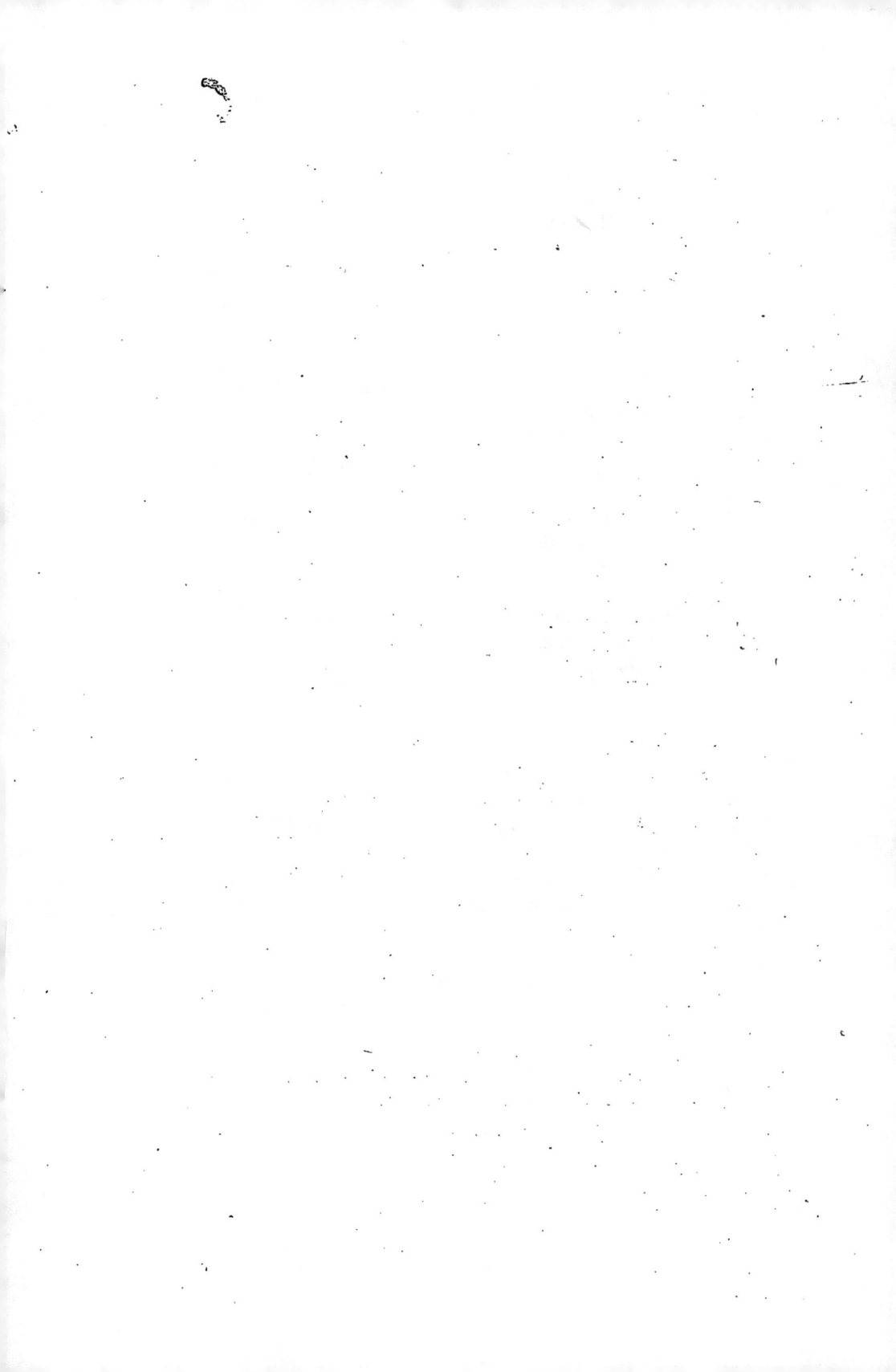

NOTES DE L'AUTEUR

La présente généalogie a été extraite de la Notice historique et généalogique sur la famille et les seigneurs de Moyencourt-Poix, que nous avons dressée d'après les recherches faites en 1865 et 1866, dont le manuscrit, formant 150 pages in-folio (sans l'inventaire des titres), a été remis à Amiens, le 1er septembre 1866, à M. Alfred de Moïencourt, propriétaire, chef des nom et armes de sa maison, et déposé aux archives du château de Luzières.

L'impression de cette Notice généalogique ayant été arrêtée en juin 1867, entre l'auteur et les divers membres de la famille de Moyencourt, elle fut revue et corrigée à Versailles en juillet suivant, par l'auteur et le chef du nom et des armes de la famille; puis, quelques jours après, intervint le jugement de rectification, rendu en faveur de M. Alfred de Moïencourt, par le tribunal de première instance de Neufchâtel (Seine-Inférieure), le premier août 1867, ce qui occasionna alors à faire de nouvelles corrections dans différents articles de ladite Notice; et la copie dudit jugement ne fut envoyée à l'auteur qu'en novembre suivant. Mais comme ce dernier avait été chargé de faire de nouvelles recherches dans le midi de la France, c'est ce qui occasionna un retard dans l'impression de cette notice.

Félines (Ardèche), novembre 1867.

CUVILLIER,
ARCHIVISTE-GÉNÉALOGISTE.

TABLE DES MATIÈRES

ARMOIRIES DE LA FAMILLE DE MOYENCOURT.

ARMES du *chevalier* Hector de MOYENCOURT, qu'il portait en 1565 (1) : *Écartelé, au premier quartier, de gueules, à la bande d'argent, chargée en chef d'une croisette fichée de sable; au chef d'or, chargé de trois croix potencées de sable,* qui est de Moyencourt; *au deuxième d'azur, à trois merlettes d'argent, rangées en chef,* qui est d'Aboval; *au troisième d'azur, à la fasce d'argent, chargée de deux tourteaux de sable,* qui est de Clairy; *et au quatrième quartier, burelé d'argent et de sable de neuf pièces,* qui est de Mellincourt (2). — Supports : *Deux lions au naturel, ayant la tête contournée.* — Couronne de vicomte. — Devise : *Medianis curtis nobilis miles* (ou nobl̇e chevalier de Moyencourt ?)

(1) Voyez l'*Inventaire des Titres* de cette famille, rapporté plus loin, sous le n° 41, p. 75.

(2) Les armes de Mellincourt, ancienne famille picarde, figurent sous le nom de Moyencourt, dans le *Trésor héraldique ou Mercure armorial*, de Charles Segoing, avocat au Parlement. — *Paris*, 1654, in-folio; *Paris*, 1657, in-folio, et retouché par Roger, sieur de la Prade; *Paris*, 1672, in-4°.

Tableau chronologique des seigneurs
de Moyencourt.

1er *Degré :* 1175. ADAM DE MOYENCOURT, tige de cette famille, chevalier, seigneur de Moyencourt ; mort en 1218.

2 — 1218. FIRMIN DE MOYENCOURT, fils aîné, chevalier.

3 — 1254. GAUTIER DE MOYENCOURT, fils aîné, chevalier.

4 — 1286. RAOUL DE MOYENCOURT, fils aîné, chevalier.

5 — 1339. VINCENT DE MOYENCOURT, 2e fils, écuyer.

6 — 1360. ROBERT Ier DE MOYENCOURT, fils aîné, chevalier.

7 — 1402. PIERRE DE MOYENCOURT, 2e fils, chevalier.

8 — 1443. JEAN DE MOYENCOURT, fils aîné, chevalier.

9. — 1497. ROBERT II DE MOYENCOURT, fils aîné, chevalier.

10 — 1504. CHARLES DE MOYENCOURT, fils aîné, écuyer.

11 — 1578. ANTOINETTE DE MOYENCOURT, fille unique. *Epousa*, le 15 octobre 1533, Charles du Chastelet, écuyer.

12 — 1580. CLAUDE Ier DU CHASTELET, fils aîné, écuyer.

13 — 1625. CLAUDE II DU CHASTELET, fils aîné, chevalier.

14 — 1665. FRANÇOIS DU CHASTELET, fils aîné, chevalier.

15 — 1689. NICOLAS DU CHASTELET, 5e fils, chevalier, dernier mâle de sa branche ; mort sans postérité à Moyencourt, le 5 octobre 1728.

16 — 1728. CHARLES-FRANÇOIS DE SARCUS, neveu, écuyer.

17 — 1739. LOUIS, comte DE GOMER, chevalier, seigneur par acquisition du précédent.

18 — 1742. JEAN-LOUIS, comte DE CRENY, chevalier, seigneur par échange.

19 — 1775. ANTOINE-MICHEL DE TOURTIER, gendre du précédent, chevalier.

20 — 1783. ALEXANDRE-JACQUES-FRANÇOIS-MICHEL-ANTOINE DE TOURTIER, 3e fils ; mort à Moyencourt, le 1er février 1862.

21 — 1862. JULIEN-HENRI-ALEXANDRE DE TOURTIER, fils, né au château de Moyencourt, le 26 janvier 1822, propriétaire actuel du château et domaine de Moyencourt.

GÉNÉALOGIE HISTORIQUE

DE LA

MAISON DE MOYENCOURT

DEPUIS SON ORIGINE JUSQU'A CE JOUR

SEIGNEURS des Terres, Fiefs et Seigneuries d'Arquèves, de Burtebise, du Coudray, de Courcelles, de Fourcigny, de Grand-Pré, d'Hédicourt, de la Horbe, de Lenglentier, de Lentilly (à Vers), de Mellincourt, de Moyencourt (1), du Quesnoy, de Retonval, de Rune, de Saint-Martin, de Saint-Romain, de Tanfol, de Termont, de Vadencourt, et autres lieux en Picardie.

ARMES : *Écartelé, aux 1er et 4e de gueules, à la bande d'argent, chargée en chef d'une croisette fichée de sable; au chef d'or, chargé de trois croix potencées de sable,* qui est DE Moyencourt ; *aux 2e et 3e burelé d'argent et de sable de neuf pièces,* qui est DE Mellincourt. — *Supports : Deux lions au naturel.* — Couronne de vicomte. — De- vise : *In cruce vinces* (2).

(1) C'est de cette seigneurie que la famille de Moyencourt a pris son nom. Aujourd'hui chef-lieu de commune, situé à 6 kil. S. E. de Poix, son canton; à 22 kil. O.-S.-O d'Amiens (Somme), son arrondis- sement, et contient environ 500 habitants. On y remarque encore le château seigneurial qui fut jadis habité par les de Moyencourt.

(2) Ces armes figurent au-dessus du pont-levis, qui donne entrée au château de Luzières-lès-Conty. — Dubuisson, *Armorial,* t. II, p. 168, dit : TYREL DE MARZANCOURT, *seigneur de Poix :* de gueules, à la bande d'argent, accompagnée de six croix recroisettées d'or, trois en chef et trois en pointe.

La famille de Moyencourt, qui fait le sujet de cette notice, est très-ancienne en Picardie; elle est connue dans cette province, depuis Adam, chevalier, seigneur de Moyencourt-Poix, tige de cette maison, qui vivait en 1175, et que l'on dit être issu de Hugues Ier Tyrel, chevalier, sire de Poix, etc.; en effet, nous ajouterons à l'appui de cette assertion deux généalogies que nous possédons sur la maison des Tyrel, sires de Poix, qui confirment ce fait. (Voyez plus loin.)

Sans rechercher l'origine de cette maison, nous dirons que les membres de la famille de Moyencourt sont issus de race chevaleresque, et qu'ils ont pris leur nom de la terre et seigneurie de Moyencourt, où l'on voit encore un ancien château, demeure seigneuriale des anciens *Pairs* de la châtellenie et principauté de Poix, qui fut possédée successivement par la maison de Moyencourt pendant plus de cinq cents ans, puis par les familles du Chastelet, de Sarcus, de Gomer, de Creny, et enfin par alliance par celle de Tourtier, qui la possède encore aujourd'hui. Cette dernière famille est actuellement représentée par M. *Julien*-Henry-Alexandre de Tourtier, né au château de Moyencourt, le 26 janvier 1822, et maire de cette commune depuis 1862.

Le nom de MOYENCOURT a souvent varié, car nous le trouvons écrit dans les actes et titres latins, sous les noms de *villa Maiencurtis, Medianis curtis, Mediano curto, Medianus curtus, Medianum curtum, Mediana curia, Maïncurtensis*, etc.; et, dans les anciens actes et titres français, il est désigné sous les noms de Maïencourt, Majencourt, Mohancourt, Mohincort, Mohincourt, Môâncort, Môêncour, Maïncourt, Moëncourt, Moincourt, Moiencour, Moïencourt, Moyencour, et enfin *Moyencourt*, qui est le vrai nom, et comme tel il figure dans un grand nombre d'actes cités dans l'inventaire des titres de cette famille. Dans les actes que nous avons compulsés des registres de l'état civil et dans les minutes de Me Jumel, notaire à Poix, où le nom de Moyencourt se trouve depuis l'an 1560 jusqu'à ce jour. Malgré cette orthographe, le Tribunal civil de Neufchâtel (Seine-Inférieure) vient de rendre son jugement en faveur

du chef de cette famille, qui ordonne que le nom de Moyencourt sera écrit à l'avenir : *de Moïencourt.*

Bien que ce jugement de rectification fait distinguer
M. Alfred de Moïencourt des autres membres de sa famille
qui portent le nom de Moyencourt ou Demoyencourt, il lui
enlève tout l'avantage de ce nom qu'ont porté ses ancêtres,
et se crée bien des inconvénients ; en effet, comment com-
prendre son nom écrit d'une façon dans les titres et la généalogie, et d'une autre manière dans le jugement. Or, on
va supposer, à cause de l'*ï*, qu'il n'est pas un vrai descen-
dant des anciens seigneurs de Moyencourt, qui ont presque
toujours signé avec l'*y*, et non avec l'*ï*, qui, du reste, n'est
plus du tout en vigueur aujourd'hui d'après nos nouvelles
règles grammaticales. Ainsi, M. Alfred de Moïencourt aurait mieux fait de rester à la véritable orthographe du nom
de Moyencourt ; tel est, du moins, notre sentiment et tel est
aussi celui de M. Truchard du Molin, conseiller à la Cour de
cassation et savant généalogiste, que trente-cinq ans d'étude
ont rendu à même de juger de cette partie héraldique.

Un ancien curé de Moyencourt (1), qui a fait de nom-
breuses recherches historiques sur le canton de Poix, dit :
« La terre de Moyencourt fut possédée pendant plusieurs
« siècles par une famille qui en portait le nom, dont le pre-
« mier auteur était ADAM DE MOYENCOURT, *chevalier*, qui vivait
« dans les années 1175 et 1210, comme nous le prouvent
« deux titres de ces années; mais quel était son père?... D'où
« sortait-il?... car c'est en vain que nous avons cherché le
« nom de ses prédécesseurs et aussi de ses contemporains,
« père, oncles, ou neveux, preux chevaliers qui, sans nul
« doute, répondaient à l'appel de Pierre l'Hermite, et sui-

(1) L'abbé POUILLET (*Gustave-Jean*), qui fut le vingt-septième curé
connu de Moyencourt, de 1843 à 1860 ; mort à Amiens, sa ville natale,
le 23 mai 1860, âgé de 41 ans; membre titulaire de la société des
Antiquaires de Picardie, etc., auteur des *Tablettes historiques du canton
de Poix*, Amiens, 1856, in-8°, et de plusieurs manuscrits, entre autres,
un sur le château et sur les seigneurs de Moyencourt, où nous avons
puisé des renseignements dignes de foi, et qui nous a été communiqué
par M. l'abbé Martin, curé du Pont-de-Metz, près Amiens.

« vaient comme *pairs* de la châtellenie de Poix, la fortune
« de Gautier Tyrel, sire de Poix, et de ses invincibles ne-
« veux Gautier, dit *sans avoir ;* Guillaume, Simon et Ma-
« thieu Tyrel, et suivaient avec honneur, aidés de leurs serfs,
« héros ignorés de l'humble *villa Maïencurtensis*, l'étendard
« aux huit croix potencées du pays Pohier. »

Avant de donner la filiation généalogique de la famille de
Moyencourt, il n'est pas sans intérêt de rapporter les pre-
miers degrés de la généalogie de la maison des Tyrel, sires
de Poix, qui fut jadis l'une des gloires de la Picardie, desquels MM. Dumont de Moyencourt, père et fils, disent que
les Moyencourt vivants aujourd'hui, sont issus de cette ancienne race.

Leur travail généalogique commence ainsi :

« Ier *degré :* GAUTHIER TYRELL ou TYREL, premier du
« nom, tige de cette famille, originaire de Normandie (et
« près parent de Robert Ier, surnommé le *Diable*, comte ou
« duc de Normandie, mort le 2 juillet 1035), sire de Poix,
« et possesseur en même temps des terres et seigneuries
« de Bussy, Croixrault, Esquennes, Frémontiers, Moyen-
« court, Namps-au-Mont, etc., etc., en Picardie, et de plu-
« sieurs autres terres en Normandie. Gauthier Tyrel est
« nommé dans une charte de l'an 1030, donnée en faveur de
« l'église de Rouen, par Robert, duc de Normandie, dans la-
« quelle charte le sire de Poix est désigné *Galtero Tyrello do-
« mino de Piceio*, et dit près parent dudit duc de Normandie.

« Gauthier Tyrel accompagna sans doute Guillaume *le
« Conquérant* dans son expédition d'Angleterre, car il y
« acquit beaucoup de biens. En 1046, de concert avec Alix,
« sa femme, il fit bâtir la forteresse de Famechon, ainsi
« que les châteaux de Poix (1) et de Moyencourt, et devint
« l'un des plus puissants seigneurs de la contrée, et la tige
« d'une des plus illustres maisons de Picardie... Il mourut
« en 1068.

(1) Il y avait jadis deux châteaux dans cette petite ville ; le dernier,
situé au-dessus de l'église, fut détruit depuis 1790.

« = FEMME (entre autres): ALIX, dame de Frémontiers
« et de Famechon ; fille et unique héritière de Richard,
« seigneur desdits lieux.

« IIe *degré* : GAUTHIER II TYREL, fils aîné du précédent,
« sire de Poix, de Bussy, Croixrault, Esquennes, Frémon-
« tiers, Famechon, Moyencourt, Namps-au-Mont, etc.,
« auxquelles terres et seigneuries il succéda à son père en
« 1068, époque à laquelle il fit construire un château-fort
« à Poix, qui devint la terreur du pays. Il est cité dans une
« cession de droits faite, en 1069, par Raoul de Crépy,
« comte d'Amiens, à l'église cathédrale de cette ville. Gau-
« thier II fonda plusieurs églises dans ses vastes domaines,
« et, en 1087, il fit un accord avec Enguerrand de Boves,
« comte d'Amiens, sire de Boves et de Coucy. Ce fut ce
« seigneur de Poix qui tua, par imprudence, dans une
« partie de chasse, Guillaume II, dit *le Roux*, roi d'Angle-
« terre, qui fut percé d'une flèche, le 2 août 1100. Gau-
« thier II fit le voyage de la Terre-Sainte lors de la première
« croisade qui commença en 1096, et ne vivait plus en
« 1110.

« = FEMME : Marié par Guillaume *le Conquérant*, roi
« d'Angleterre, à ADELICE GIFFARD, fille de Robert, l'un des
« seigneurs de la cour de ce monarque, et de Mathilde de
« Mortemer.

« IIIe *degré* : GAUTHIER III TYREL, fils aîné, chevalier,
« sire de Poix, de Bucy, Croixrault, Esquennes, Frémon-
« tiers, Famechon, Moyencourt, Namps-au-Mont, et pos-
« sesseur d'un grand nombre d'autres terres en Norman-
« die, en Picardie, en Ponthieu et en Vimeu, qui prenait
« le titre de chevalier, vicomte d'Esquennes et de sire de
« Poix. Il fonda l'église et le prieuré de Saint-Denis de
« Poix en 1116, et l'abbaye de Saint-Pierre de Selincourt en
« 1131, qu'il dota ; il donna aussi à celle de Notre-Dame du
« Gard la moitié de la ferme d'Hermilly en 1146, et mou-
« rut la même année. Gauthier III fut surnommé, après sa
« mort, des glorieux noms de *Bon* et de *Généreux*.

« =Femmes : Marié, 1° à Isabelle D'HEILLY, morte en
« 1121 ; fille de Foulques, chevalier, sire d'Heilly, près
« Corbie ;

« 2° A Adeline, dame de Ribécourt et de Prouville en
« Cambresis.

« De ces deux femmes, Gauthier III eut 7 enfants, dont
« 2 filles et 5 fils, qui suivent :

« 1er Hugues Tyrel, chevalier, sire de Poix, vicomte
« d'Esquennes, seigneur de Famechon, Frémontiers, etc.,
« qui continua la postérité des sires et des comtes de
« Poix ;

« 2e Foulques Tyrel, chevalier, seigneur de Ribécourt
« et de Prouville ;

« 3e Baudouin Tyrel, écuyer, seigneur de Quevauvillers,
« du chef d'Huguette, sa femme, dame dudit lieu ;

« 4e Adam Tyrel, écuyer, chevalier, tige des seigneurs
« et de la maison de Moyencourt, auquel, dit M. Dumont,
« Gauthier III, son père, lui donna, à titre d'apanage, les
« terre et château de Moyencourt, en le faisant, lui et sa
« postérité directe, *pairs* de la châtellenie de Poix ;

« 5e Vernon Tyrel, écuyer, etc.

« De ces cinq frères, deux seulement ont continué la
« postérité de leur maison et ont formé deux branches qui
« se sont continuées jusqu'à ce jour. Ces deux branches,
« quoique issues de la même tige, forment cependant deux
« familles différentes : celle des comtes de Poix et celle des
« Moyencourt, toutes deux vivantes aujourd'hui (1). »

M. Alfred de Moïencourt, chef actuel de cette famille,
ajoute :

« Les données de M. Dumont sont exactes, nous n'en
« doutons nullement ; mais comme l'auteur n'a pas toujours
« fourni de preuves à l'appui des choses qu'il avance, nous
« n'accepterons ses assertions que sous bénéfice d'inven-
« taire. Nous ajouterons seulement que Hugues Tyrrel, sire
« de Poix, frère aîné d'Adam de Moyencourt, fit le voyage

(1) Manuscrit de M. Dumont de Moyencourt.

« de la Terre-Sainte en 1147, et dont on voit ses armoi-
« ries au musée de Versailles, troisième salle des Croi-
« sades (1). »

Autre généalogie des Tyrel de Poix :

« Ier *degré* : 1030. — GAUTIER Ier TYRREL, TYRELL ou
« TYREL, sire de Poix, tige de cette maison qui existe en-
« core aujourd'hui. Il vivait dans les années 1030 et 1068.
« Il possédait les terres de Poix, de Bucy, de Croixrault,
« d'Esquennes, de Famechon, de Frémontiers, de Moyen-
« court, etc. Il est nommé *Galtero Tyrrello domino de Pi-
« ceio*, dans une charte de 1030, concernant l'église de
« Rouen, et dit près parent de Robert, duc de Normandie.
« Il mourut vers 1068.

« = FEMMES : 1re OLGA...

« 2e ALIX, dame de Frémontiers ; fille unique de Richard,
« seigneur de Frémontiers et de Famechon.

« — *Enfants* (soit du premier ou deuxième lit) : 1er GAU-
« THIER II, qui suivra.

« 2e RICHARD TYREL, seigneur de Frémontiers, puis de
« Conty, en 1063.

« — Marié à HAVOISE, dame et héritière de Conty.

« — Dont vinrent 3 enfants : 1er ROBERT TYREL, seigneur
« de Frémontiers, tué à la bataille de Tinchebrai, le 27 sep-
« tembre 1106, sans laisser d'enfants.

« Marié à ÉLÉONORE DE PICQUIGNY.

« 2e GUILLAUME TYREL, seigneur de Conty.

« — Marié à ADÈLE DE VERS, deuxième fille d'Hildévert,
« huitième du nom, seigneur de Vers, mort en 1051, et
« d'Agnès de Courcelles.

« 3e MATHILDE TYREL,

« — Épousa EUDES, sire d'Airaines et du Quesnoy.

« IIe *degré* : 1068. — GAUTHIER II TYREL, sire de Poix,
« de Bucy, Croixrault, Esquennes, Famechon, Moyencourt,
« Namps-au-Mont, Fricamps, Courcelles, Agnières, Bergi-

(1) Notes de M. de Moyencourt, de Luzières.

« court et autres terres ; il fit bâtir un château fort à Poix,
« dans les années 1068 et 1072 ; fit un accord en 1087 avec
« Enguerrand, comte d'Amiens, sire de Boves et de Coucy.
« Ce fut Gautier II, sire de Poix, qui tua à la chasse Guil-
« laume II, dit *le Roux*, roi d'Angleterre, le 2 août 1100,
« et ce fut à cause de cet accident qu'il fit le voyage de la
« Terre-Sainte avec Baudouin, son deuxième fils. Ce fut
« sans doute de ce voyage qu'il rapporta ses armoiries, que
« les sires de Poix, ses descendants, ont conservées jusqu'à
« leur extinction. Il était mort en 1110.

« = Femme : Marié par ordre de Guillaume le Conqué-
« rant, roi d'Angleterre, à Adélaïde GIFFARD, d'une fa-
« mille anglaise, fille de Robert Giffard, l'un des seigneurs
« de la cour de ce monarque, et de Mathilde de Mortemer,
« fille de Gautier, sire de Mortemer, en Normandie.

« — *Enfants :* 1er Gautier III, qui suivra.

« 2e Baudouin Tyrel, qui se croisa avec son père ;

« 3e Robert Tyrel, seigneur de Bergicourt, de Bettem-
« bos et d'Eplessier. Mort en Terre-Sainte, en 1133.

« — Marié à Berthe, fille de Hugues, seigneur de Chau-
« mont, connétable de France, mort en 1138, et d'Alix de
« Saveuse,

« — Dont vint : Adélaïde Tyrel, dame de Bergicourt,
« Bettembos et d'Eplessier, qui fut contraint de céder par
« la force ses deux dernières terres, en 1145, à Hugues
« Tyrel, sire de Poix, son cousin germain.

« — Épousa Foulques, chevalier, sire d'Arguel.

« 4e Raoul Tyrel, seigneur de Croixrault, assassiné
« en 1136 (1).

« 5e Bérine Tyrel, dame de Saint-Aubin,

« — Épousa Gui de Mortemer, écuyer, seigneur d'Illois.

« IIIe *degré :* 1110. — Gautier III TYREL, chevalier, sire
« de Poix, de Bucy, d'Esquennes, de Famechon, de Moyen-
« court, d'Agnières, de Namps-au-Mont, et possesseur

---

(1) C'est de ce seigneur que la commune de Croixrault, située près
de Moyencourt, a pris son nom : Croix-Raoul (*Crux Radulphus*).

« d'un grand nombre d'autres terres situées en Normandie,
« en Picardie, en Pontieu et en Vimeux ; il fut l'un des
« plus puissants seigneurs de la contrée, et prenait le titre
« de *chevalier, vicomte d'Esquene et sire de Poi*. En 1116,
« il fonda le prieuré de Saint-Denis, à Poix, dont saint Go-
« defroi, évêque d'Amiens, confirma les donations en 1118;
« puis, en 1131, il fonda l'abbaye de Saint-Pierre de Se-
« lincourt, appelée aussi *Sainte-Larme*. Il dota ces deux
« maisons de biens immenses. Gautier III fit aussi con-
« struire plusieurs châteaux et églises dans ses vastes do-
« maines, et mourut en novembre 1146. Après sa mort, il
« fut surnommé du titre de *Généreux*.

« = FEMMES : Marié, 1° à ISABELLE D'HEILLY, morte en
« 1121; fille de Foulques d'Heilly, chevalier, sire dudit lieu,
« près de Corbie, et de Marie de Clermont.

« 2° en 1121, à ADELINE, dame de Ribécourt et de Prou-
« ville en Cabresis, qui resta veuve.

« — *Enfants* (soit du premier ou deuxième lit) : 1er Hu-
« GUES Ier, qui suivra.

« 2e FOULQUES TYREL, chevalier, seigneur de Ribécourt
« et de Prouville en 1146.

« — Marié à ISABELLE D'HUMIÈRES :

« Dont vinrent 3 enfants : 1er ROGER TYREL, chevalier, sire
« de Ribécourt, auteur d'une branche non connue.

« 2e GUILLAUME TYREL, qui se croisa, et fut tué au siége
« d'Acre, en 1191;

« 3e ISABELLE TYREL, qui se fit religieuse à l'abbaye de
« Fervaques, après la mort de son mari.

« — Épousa RENÉ ou REINIER II, chvalier, seigneur de
« Fonsomme, en Vermandois, en 1140.

« 3e BAUDOUIN TYREL, écuyer, seigneur de Quevauviller,
« du chef de HUGUETTE, dame dudit lieu, sa femme :

« Dont vinrent 4 enfants : 1er GAUTIER TYREL, dit *Sans
« avoir*.

« 2e GUILLAUME TYREL, chevalier, seigneur de Quevau-
« viller.

« 3e SIMON TYREL, tué au siége d'Acre, en 1191.

« 4° MATHIEU TYREL, mort sans postérité.

« Ces quatre frères se croisèrent en 1190, avec Hugues II
« Tyrel, chevalier, sire de Poix, leur cousin.

« 4° VERNON TYREL, seigneur de Blangy, près Poix.

« 5° MATHILDE TYREL, dame de Vautenay,

« — Épousa RAOUL, chevalier, sire de Contay, en 1138.

« 6° GUILLEMETTE TYREL, dame de Meigneux,

« — Épousa GUI, écuyer, seigneur de Lincheux, en 1138.

« IVᵉ *degré :* 1146. — HUGUES Iᵉʳ TYREL, chevalier, sire
« de Poix, de Famechon, de Frémontiers, de la Chapelle,
« d'Agnières, de Bucy, d'Esquennes, de Moyencourt, de
« Namps et autres lieux, qualifié de *prince de Poix* dans
« des titres des années 1153, 1155 et 1157, *Hugo Tyrello*
« *milito principis et dominus de Poio, alias Piceo.* Ayant
« succédé à son père en 1146, il confirma, cette année, les
« donations faites par Gautier III à l'abbaye de Selin-
« court, et, l'année suivante, il quitta, à l'abbaye de Saint-
« Martin aux Jumeaux, du consentement d'Ade, sa femme,
« et de Gautier, son fils, les deux parts des dîmes de Saint-
« Pierre-outre-les-Ponts, qui relevaient de lui. En 1147,
« Hugues Iᵉʳ fit le voyage de la Terre-Sainte (1) avec plu-
« sieurs seigneurs de la Picardie. Il fit son testament en
« 1158, et ne vivait plus en 1159.

« = FEMME : ADE D'AUMALE, que l'on croit fille d'É-
« tienne de Champagne, comte d'Aumale, mort en 1127,
« et d'Havoise de Mortemer.

« — *Enfants :* 1ᵉʳ GAUTIER IV TYREL, chevalier, sire de
« Poix, vicomte d'Esquennes, seigneur de Bucy, Courcelles,
« Famechon, Namps, etc. Un titre de 1160 dit que Gau-
« tier IV était homme-lige de l'évêque d'Amiens, et devait

(1) Voyez Orderic Vital ; — *Versailles, salle des Croisades,* in-folio,
page 24, numéro 125, article Hugues *Tyrrel* sire de *Poix.* Ses armoiries
sont placées au musée de Versailles, 3ᵉ salle des Croisades ; elles figurent
sur la poutre qui est au-dessus du tableau représentant la levée du siége
de Rhodes (17 août 1480). Il est cité dans la *Notice du Musée impérial*
de Versailles, par Eud. Soulié, 2ᵉ éd., *Paris,* 1859, p. 107. Cinquième
salle des Croisades, numéro 21.

« payer annuellement à l'église de cette ville la somme de
« 75 livres, et fournir un cierge de cire blanche du poids de
« trois livres. Il mourut vers 1171, sans enfants.

« — *Marié* à PHILIPPINE DE MORVILLERS, fille de Jean, che-
« valier, sire de Morvillers, et d'Alix de Senarpont.

« 2° HUGUES II TYREL, qui suivra.

« 3° Autre GAUTIER TYREL, écuyer, châtelain de Poix, gou-
« verneur d'Aumale. Mort sans alliance en 1198.

« 4° ADAM TYREL, tige des seigneurs de Moyencourt.

« 5° ADE TYREL, qui testa en 1211.

« Épousa EUDES, chevalier, seigneur de Vignacourt, en
« Picardie, en 1165.

« 6° ALIX TYREL, morte après 1205,

« Epousa JEAN, chevalier, sire de Bavelincourt, en 1165.

« 7° ADELINE TYREL.

« V° *degré* : 1159. — HUGUES II TYREL, écuyer, cheva-
« lier, fut d'abord seigneur d'Agnières, puis devint sire de
« Poix, vicomte d'Esquennes, seigneur de Bucy, Courcelles,
« Famechon, Namps, etc., qu'il hérita vers 1171, par la
« mort de Gautier IV, son frère aîné. En 1172, il fit un acte
« ou pacte avec Guillaume, comte d'Aumale ; Jean, comte
« de Ponthieu ; Raoul, comte de Clermont en Beauvoisis ;
« Anselme, comte de Saint-Pol, et autres seigneurs, par
« lequel acte il est dit qu'en cas que l'un d'eux fasse le
« voyage de la Terre-Sainte, le sire de Poix devait fournir
« six vassaux écuyers et six hommes d'armes pour l'accom-
« pagner dans le voyage d'outre-mer. En effet, nous voyons
« qu'en 1190, le sire de Poix partir pour la guerre sainte,
« accompagné de plusieurs seigneurs picards, suivi de
« Guillaume, Gautier, Simon, autre Guillaume et Mathieu
« Tyrel, ses cousins, accompagné aussi de six vassaux de la
« châtellenie de Poix, et de plusieurs écuyers. Mais les
« comtes de Ponthieu et de Clermont, Guillaume et Simon
« Tyrel, avec un grand nombre d'autres seigneurs français,
« périrent au siége d'Acre, en 1191. Par acte de 1194, Hu-
« gues II, sire de Poix, confirma à Adam de Moyencourt
« tout ce que Hugues Ier, son père, avait donné audit Adam,

2

« dans la terre et seigneurie de Moyencourt, et mourut
« en 1199.

« Il laissa entre autres enfants : Gautier V Tyrel, cheva-
« lier, sire de Poix, etc., qui continua la postérité de sa
« maison, et qui octroya, en 1202, la charte de la commune
« de Poix, etc. De ce *Gautier V* est descendu :

« XXIVᵉ *degré :* 1843. — Louis-Anne, comte de POIX,
« né en 1803, ancien garde du corps du roi et officier d'or-
« donnance du duc de Rivière, propriétaire, demeurant à
« Tours.

« = Femme : Marié en 1829 à demoiselle Marie-Eugénie
« du PUY, unique héritière de la branche des du Puy de
« Bagneux et de La Roche-Ploquin.

« XXVᵉ *degré :* — Louis-Henri-Gaston, vicomte de POIX,
« fils unique, né le 4 août 1832, propriétaire actuel du châ-
« teau de La Roche-Ploquin (Indre-et-Loire) ; il fait le 25
« degré depuis Gautier Iᵉʳ, sire de Poix, qui vivait en 1030.

« = Femme : Marié à Paris, le 5 mars 1865, à demoi-
« selle Louise-Esther-Augusta LE COMTE, née le 28 juin
« 1845, fille de Eugène-Louis-Jean Le Comte, député du
« département de l'Yonne au Corps législatif, officier de la
« Légion-d'Honneur en 1855, puis commandeur en 1866,
« et de Marie-Esther-Elise Jardin.

« — *Enfants :* 1° Xavier de Poix, né à Paris, le 18 jan-
« vier 1867.

« 2 Adeline de Poix, née à Paris, le 13 janvier 1866.

Cette famille de Poix (ou branche cadette des Tyrel) a
été formée par Adam Tyrel en 1403, descendu au treizième
degré de Gautier Iᵉʳ, sire de Poix, qui vivait en 1030. Il alla
s'établir en Poitou, quitta le nom de Tyrel pour prendre
celui de Poix que sa postérité a toujours conservé, et qui
porte le titre de comte, depuis vers le milieu du siècle dernier.

La maison des comtes de Poix porte pour armes : *de
sable, à trois aiglettes éployées d'or, posées 2 et 1. — Supports :* un lion et une licorne. — *Couronne de comte* (1).

(1) Notes données par M. le vicomte de Poix, à l'auteur, le 18 décembre 1867.

« D'ADAM TYREL, frère de Hugues II, est descendu :

« XXIe *degré* : 1857. — LOUIS-FERDINAND-*Alfred* DE « MOYENCOURT, né en 1816, propriétaire du château et « domaine de Luzières-lès-Conty; il fait le 24° degré de « filiation depuis Gautier Ier Tyrel, tige de cette famille, « qui vivait en 1030. » (*Généalogie de la maison de Poix*, manuscrit envoyé de Poitiers en février 1867.)

Sans discuter ce que nous venons de rapporter dans les deux fragments généalogiques sur la maison des Tyrel de Poix, nous ne pouvons cependant pas les admettre dans la filiation des Moyencourt, attendu que ces documents sont cités sans preuves authentiques, et si nous les donnons ici, ce n'est qu'à titre de simple renseignement.

Nous ajouterons seulement la description des armoiries des Tyrel, sires de Poix, d'après les auteurs suivants :

1° Adrian de la Morlière, chanoine de l'église cathédrale d'Amiens, dit, dans son *Recveil de plvsieurs nobles et illustres maisons de Picardie;* Paris, M.D.C.XLII (1642), in-f°, p. 133, en marge : Poix porte *de gueules à la bande d'argent, accompagnée de six croix d'argent recroisetées.*

2° Le P. Anselme, dans son *Histoire généalogique de la Maison de France*, etc.; Paris, 1733, in-f°, t. VII, p. 820, dit à l'article Tyrel : *De gueules à la bande d'argent accompagnées de six croix recroisetées d'or.*

3° Et M. Dumont de Moyencourt, mss., dit : Les TYREL DE POIX portent : *de gueules, à la bande d'argent, accompagnée de six croix recroisetées et fichées d'or, posées 3 et 3.*

C'est de cette manière que ces armes sont représentées peintes (3e salle des Croisades) au musée de Versailles.

Enfin, la famille de Moyencourt a formé XVII branches et plusieurs rameaux. Nous allons seulement rapporter ici cinq de ses branches, qui sont les principales de cette famille. Par l'extinction des deux premières, la troisième est devenue actuellement l'aînée, et elle est aujourd'hui représentée par M. Louis-Ferdinand-*Alfred* DE MOÏENCOURT, chef actuel des nom et armes de sa maison.

FILIATION GÉNÉALOGIQUE

1175 - 1868

1ʳᵉ BRANCHE, Pairs de la Châtellenie de Poix; Seigneurs de Moyencourt (1), de Courcelles, d'Arquèves, de Lengletier, de Vadencourt, de Saint-Romain en partie, etc.

Nous ne commencerons la généalogie des Moyencourt, qu'à partir d'Adam, tige certaine de cette famille.

Iᵉʳ *degré* : 1175. — ADAM DE MOYENCOURT, tige de cette famille, qualifié chevalier et seigneur de Moyencourt dans son testament. Il fit une donation, en 1175, à l'abbaye de Notre-Dame du Gard, au diocèse d'Amiens, dans laquelle il est nommé *Adam de Maiencourt,* avec *Ermellendis* sa femme et *Firmin* leur fils aîné. Ladite donation fut faite en présence de *Godardus sacerdos de Maiencourt,* et elle ne comprenait que quelques terres et une portion de bois, situés au terroir de Mennevillers, dépendance de la paroisse de Moyencourt. En 1210, le même Adam, seigneur de Moyencourt, donna encore quelques terres à la même abbaye; ce qui fut ratifié plus tard par sa femme et Firmin de Moyencourt, leur fils aîné. Adam de Moyencourt fit son testament, en 1217, en faveur de sa femme et de ses deux fils (2), et ne vivait plus en 1218.

= FEMME : Marié dès l'an 1175, à HERMELINDE ou ERMEL-LINDE DE MONTENOY, qui resta veuve; fille de Firmin, écuyer, seigneur de Montenoy.

(1) La terre de Moyencourt relevait des sires, puis princes de Poix.
(2) Voyez l'inventaire des titres de cette famille, qui est rapporté plus loin.

— *Enfants :* 1er Firmin, qui suivra.

2e Robert de Moyencourt, qui forma la branche des seigneurs de Retonval en Normandie, laquelle s'est éteinte au quinzième siècle.

IIe *degré :* 1218. — Firmin de MOYENCOURT, chevalier, seigneur de Moyencourt, *pair* de la châtellenie de Poix, qui, avec sa mère, confirma, vers 1218, la donation faite par son père, en 1210, à l'abbaye du Gard. Il fit rebâtir le château de Moyencourt et y ajouta un fort donjon, et ce, du consentement de haut et puissant seigneur Mgr Gautier Tyrel, V^e du nom, chevalier, sire de Poix et seigneur suzerain de Moyencourt. Il fit un premier testament avec sa femme en 1227, et en fit un autre en 1246, par lequel il partage ses cinq enfants : il donna à Gautier, son fils aîné, les terre et château de Moyencourt, et ne vivait plus en 1254.

= Femme : Marié dès 1198, à Ermangarde de COURCELLES, dame dudit lieu, qui testa en 1227, et ne vivait plus en 1230 ; fille et unique héritière de Jean de Courcelles, chevalier, seigneur dudit lieu, et de Mathilde de Bussy. Cette dernière, qui vivait encore en 1219, testa en faveur d'Ermangarde de Moyencourt, sa petite-fille.

— *Enfants :* 1er Gautier, qui suivra.

2e Jean de Moyencourt, qui fut d'abord chanoine-prémontré de l'abbaye de Saint-Jean-lès-Amiens, devint ensuite le 12e abbé de l'abbaye de Saint-Pierre de Sélincourt, dite Sainte-Larme, où il fut élu en 1249, et qu'il ne gouverna qu'un an.

3e Gui de Moyencourt, chevalier de Courcelles, qui suivit le parti du roi Louis IX (saint Louis), se croisa en 1248, et mourut en Terre-Sainte.

4e Ermangarde de Moyencourt, héritière de Mathilde de Bussy, son aïeule ; morte après 1265.

— *Epousa,* avant 1225, Jean de Conty, écuyer, seigneur dudit lieu, qui confirma, en mai 1229, la fondation du prieuré de Saint-Antoine de Conty, de l'assentiment d'Ermangarde sa femme, de Manassès, son fils aîné, et de ses autres enfants. Ce Jean de Conty ratifia aussi la donation aux chanoines, d'un quart de la dîme de Moyencourt, d'une neuvième gerbe à Courcelles et du tiers des dîmes à Bussy.

5° MATHILDE DE MOYENCOURT, qui fit son testament en 1265, par lequel elle partage ses enfants et fait un legs à Ermangarde sa sœur.

— *Epousa*, en 1220, ROBERT DE BACOUEL, chevalier, seigneur de Thésy et de Villers, mort avant 1265, laissant trois fils.

III° *degré* : 1254. — GAUTIER DE MOYENCOURT, chevalier, seigneur de Moyencourt et de Courcelles, pair de la châtellenie de Poix, qui rendit foi et hommage pour ses terres, en 1254, à haut et puissant Mgr Hugues III Tyrel, chevalier, sire de Poix, vicomte d'Esquennes, etc. Gautier est qualifié, dans un titre de 1271, concernant l'église Saint-Denis de Poix, capitaine du château et de la cour du sire de Poix. Il fit son testament le vendredi avant la fête de Saint-Denis 1283, par lequel il donne à Raoul, son fils aîné, les terre, château et seigneurie de Moyencourt, et à Firmin, son fils cadet, la terre et seigneurie de Courcelles. Il donne ensuite à Blanche de Moyencourt, sa fille, la maison forte de Trancourt avec le fief Dijon, sis paroisse de Saint-Saturnin de Morvillers, que lui avait légué sa femme ; il fait ensuite divers legs pieux aux églises de Moyencourt, de Courcelles et de Saint-Denis de Poix, et ordonne être enterré au tombeau de ses pères en l'église de Moyencourt sa paroisse. Il était mort en 1286.

═ FEMME : Marié en novembre 1249, à ALIX DE MORVILLERS, qui testa en 1281, en faveur de son mari, et fille de Raoul de Morvillers, chevalier, seigneur dudit lieu, et de Jeanne de Fluy.

— *Enfants* : 1ᵉʳ RAOUL, qui suivra.

2ᵉ FIRMIN DE MOYENCOURT, écuyer, seigneur de Courcelles, qui mourut sans postérité en 1319.

— *Marié* à ANTOINETTE DE MONSURES, fille du seigneur

de ce nom. — Dont vint : Isabelle de Moyencourt, dame
de Courcelles, qui épousa Raoul de Montenoy, lequel prit
le nom de Courcelles que sa postérité a conservé près de
deux siècles.

3e Blanche de Moyencourt, dame de Trancourt et Dijon.
— *Épousa* Pierre de Fricamps, écuyer, neveu de Jean
de Fricamps, doyen de la cathédrale d'Amiens dès 1270.

4e Alix de Moyencourt, vivante en 1281.

, IVe *degré* : 1286. — Raoul de MOYENCOURT, chevalier, seigneur de Moyencourt et pair de la châtellenie de
Poix, qui rendit foi et hommage, en 1286, à Mgr Guillaume
Tyrel, chevalier, sire de Poix, etc., pour ses terre, château
et fief de Moyencourt, mouvant en plein fief du château de
Poix. Dans le dénombrement de la terre et vidamie de Picquigny, rendu au comté de Corbie, le 14 novembre 1300,
et parmi les hommages on lit : *Comme aussi je tiens les
hommages du seigneur de Moyencourt, de son manoir à
Haydincourt* (Hedincourt Saint-Sauveur). Ce fief était
mouvant d'Ailly-sur-Somme, et son possesseur devait au
vidame un mois de stage. En 1317, Raoul de Moyencourt
affranchit les habitants du village de Moyencourt, des droits
seigneuriaux de rouage et de travers,à la condition de payer
à l'église Saint-Denis de Poix, un *sol* annuellement, par
chaque chef de ménage (ou par famille). Il ne vivait plus
en 1339.

= Femme : Marié, dès 1288, à Marguerite de BUSSY,
qui fit son testament en juin 1323, dans lequel sont nommés son mari et leurs cinq enfants; fille de Roger de Bussy,
chevalier, seigneur de Bussy-lès-Poix, capitaine ou gouverneur des ville, châtellenie et pays de Poix, et de Marie de
Flesselles.

— *Enfants* : 1er Firmin de Moyencourt, chevalier, suivit
Mathieu de Trie, maréchal de France, à la guerre contre les
Flamands, où il fut tué en 1325.

2e Vincent de Moyencourt, qui suivra ;

3e Guillaume de Moyencourt, écuyer, seigneur d'Hédi-

court, qui partagea la succession de feu Raoul de Moyencourt, son père, en 1339, avec ses frère et sœurs, et mourut ne laissant que deux filles.

— *Marié*, vers 1321, à MALVINE DE REVEL, fille de Pierre
de Revel, écuyer, seigneur de Saulchoy et autres lieux, et
de Guillemette de Pissy.

— Dont vinrent : 1er MARGUERITE DE MOYENCOURT, dame
de Hédicourt, qui épousa, en 1344, ÉTIENNE DE FORCEVILLE,
écuyer;

2° CLAUDINE DE MOYENCOURT, qui épousa, en 1346, RO-
BERT DE BERNAPRÉ, écuyer, capitaine de la ville et du château d'Aumale.

4e MARIE DE MOYENCOURT, qui testa en 1366.

— *Épousa*, par contrat passé en mai 1319, DENIS DE
RIENCOURT, seigneur de Metigny, capitaine d'une compagnie de 50 hommes d'armes, et fut tué à la bataille de Crécy,
le 26 août 1346.

5° MARGUERITE DE MOYENCOURT.

Ve *degré* : 1339. —VINCENT DE MOYENCOURT, écuyer,
seigneur de Moyencourt, et pair de la châtellenie de Poix.
Il partagea, en 1339, la succession de son père avec ses
frère et sœurs ; en 1349, il fit avec Jeanne de Villers, sa
deuxième femme, donation d'une pièce de terre sise à
Bussy, au prieuré de Saint-Denis de Poix ; puis, vers 1353,
il abandonna aux religieux de ce prieuré toutes les dîmes
qu'il possédait aux terroirs de Bussy et de Courcelles. Il fit
son testament en 1355, et ne vivait plus en 1360.

= FEMMES : Marié : 1° vers 1322, à BLANCHE DE BRO-
COURT, qui testa en faveur de son mari en 1338, et ne vivait plus en 1345; fille cadette de Robert de Brocourt,
chevalier, seigneur de Fay et de Villers en partie, et de
Huguette de Pierrecourt.

2° Dès 1345, à JEANNE DE VILLERS, qui resta veuve, et
se remaria avec JEAN DE GORENFLOT, qui vendirent ensemble,
en 1361, au vidame d'Amiens, le fief des Rivières, sis à
Breilly, pour la somme de 300 florins d'or.

— *Enfants* (soit du premier ou du deuxième lit) : 1er Ro-
BERT Ier, qui suivra;

2e HUGUES DE MOYENCOURT;

3e JEAN DE MOYENCOURT, écuyer, seigneur de Fourcigny
du chef de sa femme, qui testa en octobre 1393 en faveur
de ses deux enfants.

— *Marié*, vers 1366, à PÉRONNELLE DE FOURCIGNY, dame
dudit lieu, morte avant 1393.

—Dont vinrent deux enfants : 1er ROBERT DE MOYENCOURT,
écuyer, seigneur de Fourcigny, qui fit une donation au
prieuré de Saint-Denis de Poix, par acte du mois de janvier 1395;

2e CATHERINE DE MOYENCOURT, qui épousa Jacques de
Saint-Aubin.

VIe *degré :* 1360.—ROBERT Ier DE MOYENCOURT, chevalier, seigneur de Moyencourt, et pair de la châtellenie de
Poix. Au mois de juin 1360, il donna aveu et dénombrement
de la terre et fief de Moyencourt à Mgr Jean Tyrel, chevalier, sire et châtelain de Poix, etc. Robert Ier de Moyencourt fut du nombre des chevaliers de la châtellenie de
Poix qui suivirent leur seigneur suzerain à la célèbre jour-
née de Poitiers, le 19 septembre 1356, où le roi Jean II le
Bon fut fait prisonnier des Anglais. L'année suivante, il se
trouva au siége de Honfleur; à la bataille de Rosebecque,
le 27 novembre 1382, où il fut blessé en commandant un
corps de cent lances, sous le maréchal sire de Blainville, et
ne vivait plus en 1402. Il avait testé avec sa femme, le
21 août 1396.

== FEMME : Marié, par contrat passé au château d'Orival
en Picardie, le 28 avril 1367, à noble CLÉMENCE D'ORIVAL,
qui testa, avec son mari, en 1396, en faveur de Pierre de
Moyencourt, leur deuxième fils, et elle mourut la même
année ; deuxième fille de Hugues, bâtard de Poix, chevalier, seigneur d'Orival, et d'Aliénor de Saveuse.

— *Enfants :* 1er ROBERT DE MOYENCOURT, qui servit dans
plusieurs expéditions sous le connétable Philippe d'Artois,

comte d'Eu ; le suivit, avec le comte de Nevers, en Hongrie, où il fut tué avec d'autres seigneurs français à la bataille de Nicopolis, en 1396.

2° Pierre de Moyencourt, qui suivra ;

3° Guillaume de Moyencourt, qui fut chanoine de l'église primatiale de Rouen, dès 1416 ;

4° Isabelle de Moyencourt, qui *épousa* Philippe de Folleville, écuyer ;

5° Clémence de Moyencourt, qui *épousa* Gui d'Inval, chevalier ;

6° Blanche de Moyencourt.

VII° *degré :* 1402. — Pierre de MOYENCOUT, chevalier, seigneur de Moyencourt, pair du château de la châtellenie de Poix ; il fut fait héritier de ses père et mère, comme on le voit par leur testament du 21 août 1396 ; partagea leurs successions, en 1402, avec ses frères et sœurs. Il donna aveu et dénombrement des terre , fief et château de Moyencourt, le 12 mai 1402, à très-haut et très-illustre prince Mgr Jean IV, dit Guillaume Tyrel, chevalier, sire de Poix, etc. Cette même année 1402, ce dernier, nommé Wuillaume Tyrel, sire de Poix, dans l'acte suivant, présenta au roi Charles VI, à cause de sa baillie d'Amiens, le dénombrement de la terre et château de Moyencourt, ainsi conçu : « *Item Pierre de Moiencourt tient de moy ung fief* « *situé et assis en la ditte ville et terroir dudit lieu de* « *Moyencourt comme son manoir et les appendances, et qui* « *se étend en plusieurs masures en bos en cens d'argent cam-* « *part en grains tant bled comme avoine en chappon et au-* « *tres droits et tout ce qui est dessus dit est :— Item tient de* « *moy ledit Pierre par homage de parrie par X livres de* « *relief et droit les aydes et services tel que le par doivent à* « *la coustume de la chastellerie de Poix.* »

Pierre de Moyencourt servit le duc de Bourgogne sous la bannière du sire de Poix, et fut fait chevalier le 31 août 1421, ainsi que nous le trouvons rapporté dans Monstrelet, qui dit : «Le dernier jour d'aoust (1421), environ onze heures

« du matin eut lieu à Mons-en-Vimeu, la rencontre des
« deux armées du duc de Bourgogne et du dauphin, et
« avant la bataille on fit de nouveaux chevaliers de part et
« d'autre. Le duc le fut de la main de messire Jean de
« Luxembourg qui, à son tour, fit Philippe de Saveuse, Da-
vid de Poix, le seigneur de Moyencourt, etc. » Pierre de
Moyencourt se trouva aux batailles d'Azincourt, le 25 octobre 1415; de Beaugé, en 1422, et de Verneuil en 1424; au
siége d'Orléans, en 1429, et se distingua dans la guerre
contre les Anglais. Il servit tour à tour Jean-sans-Peur et
Philippe le Bon, ducs de Bourgogne. Il servit aussi sous les
rois Charles VI et Charles VII. Il fit son testament le
21 mai 1443, et mourut, le 23 du même mois, au château
de Moyencourt, âgé de soixante-treize ans. Son corps fut
inhumé au tombeau de ses ancêtres dans le chœur de l'é-
glise de cette paroisse.

= FEMMES : Marié, 1° vers 1400, à ADE DE ....., morte
sans enfants en 1415, et fut inhumée dans l'église cathédrale d'Amiens;

2° Par contrat du 16 juillet 1416, à MARIE DE MELLIN-
COURT, la dernière de son nom, dame du fief de Mellincourt, sis paroisse d'Oisemont, dont elle vendit ce fief avec
le château, du consentement de Pierre de Moyencourt, son
mari, en 1421, à Jean de Frettemolle, écuyer. Elle racheta
ce fief en 1444, le donna à Marie, sa fille, et elle vivait encore en 1450.

Fille et unique héritière de Michel de Mellincourt, écuyer,
seigneur dudit lieu, tué à la bataille d'Azincourt, en 1415,
et de Marguerite de Saint-Romain.

Une clause du contrat de mariage de Pierre de Moyencourt dit que ce seigneur doit prendre et ajouter à ses
armes celles de la noble famille de Mellincourt, qui sont :
Burelé d'argent et de sable de neuf pièces. C'est ce qui fut
religieusement observé. Seulement les Moyencourt ont
porté ces armoiries, soit écartelé avec les leurs, soit accolé,
ou même seules comme ont fait divers membres de cette
famille.

— *Enfants :* 1er JEAN, qui suivra.

2e CHARLES DE MOYENCOURT, écuyer, seigneur en partie dudit lieu et du fief du Grand-Pré, sis à Croixrault, du chef de sa femme. Il fut fait capitaine ou gouverneur de la ville et de la châtellenie de Poix pour Mgr Jean de Soissons-Moreuil, et mourut vers le mois de mai 1487.

— *Marié*, vers 1448, à ISABELLE DE MAUCHEVALIER, dame de Grand-Pré ; fille unique et héritière de Chrétien de Mauchevalier, écuyer, seigneur de Grand-Pré, capitaine du château de Poix, et Jacqueline du Forestel.

— GAUTIER DE MOYENCOURT, leur fils unique, fut écuyer, seigneur en partie de Moyencourt, et du fief de Grand-Pré, capitaine et gouverneur de la ville de Poix. Il mourut à Croixrault, le 21 novembre 1519, âgé de cinquante-huit ans, comme on le voyait jadis sur son épitaphe, qui était rapportée dans l'église Saint-Martin de Poix.

— *Marié*, en 1480, à CHRISTINE DE FRICAMPS, qui plaidait en 1483, sous l'autorité de son mari, contre Louis de Fricamps, son cousin, seigneur du fief des Ormeaux, à Croixrault, son ancien tuteur, et Jean aux Cousteaux, seigneur de Forestel, tout deux demeurant à Croixrault.

— Dont vint pour fille unique : JACQUELINE DE MOYENCOURT, dame du fief de Grand-Pré, qu'elle porta en 1508, à JEAN DE MAILLY, dont la postérité l'a conservé pendant deux siècles environ.

3e MARIE DE MOYENCOURT, dame de Mellincourt, qui testa, en novembre 1498, en faveur d'Hector de Moyencourt, son neveu.

— *Épousa*, par contrat du mois d'août 1451, Mre JACQUES D'INVAL, chevalier, seigneur de Fresnoy-au-Val et du fief de Lantilly y situé, capitaine du château de Picquigny, lequel n'ayant pas eu d'enfants, testa, en 1477, en faveur de Robert d'Inval, son neveu.

4e CLÉMENCE DE MOYENCOURT.

VIIIe *degré:* 1443. JEAN DE MOYENCOURT, né au château de ce lieu en avril 1418, chevalier, seigneur de Moyen-

court et autres lieux, pair de la châtellenie de Poix, donna
aveu et dénombrement de ladite seigneurie, et en rendit
foi et hommage, en septembre 1443, à Mgr Valeran de
Soissons, chevalier, sire de Poix et de Moreuil. Il suivit
d'abord, comme son père, le parti du duc de Bourgogne,
et l'armée ennemie le compta dans ses rangs. Mais ayant été
désigné chevalier de l'ordre de la Toison-d'Or et n'en rece-
vant pas le cordon, il quitta le parti de Philippe III, duc de
Bourgogne et se rallia à celui du dauphin (depuis Louis XI).
C'est pour cette raison, sans doute, que nous le voyons
abandonner le château de Moyencourt, tant à cause de ses
opinions que du voisinage de Poix, où il ne pouvait être en
sûreté, et se retira dans la ville d'Amiens, qui offrait un
asile à tous les défenseurs du dauphin. Mais il paya bien
cher le changement de ses opinions, car le parti ennemi
ravagea toutes ses terres, pilla et brûla son château de
Moyencourt ; l'église de ce lieu fut même dévastée et brûlée
en partie.

A Amiens, Jean de Moyencourt y jouit d'une considération générale ; et, en 1465, il fut élu conseiller de la ville,
et, à ce titre, il assista, le 15 juillet de cette année, à une
séance générale de tous les conseillers et principaux habitants d'Amiens convoqués par ordre exprès à la Malmaison
(ou hôtel de ville). Dans cette assemblée, il fut mis en ques-
tion de savoir si les ecclésiastiques de la ville seraient tenus
de contribuer aux fortifications ; mais Ferry de Beauvoir,
soixante-quatrième évêque d'Amiens, offrit 300 florins, à
condition que le clergé serait exempté de la garde des portes
pendant le jour et du guet pendant la nuit, ce qui ne fut
point accepté. Lors de la prise d'Amiens par le roi Lous XI,
en 1470, Jean de Moyencourt y rendit divers services à ce
monarque, qui le fit capitaine d'une compagnie de cent
lances, et c'est en cette qualité que nous le trouvons au siège
de Beauvais en juillet 1472. Il faisait partie de la garde du
roi Louis XI, lorsque ce prince conclut une trêve avec
Édouard IV, roi d'Angleterre, à Picquigny, le 29 août
1475. Enfin, Jean de Moyencourt mourut à Amiens, en

1497, âgé de soixante-dix-neuf ans. Son corps fut transféré à Moyencourt, où il fut inhumé dans l'église de cette parsise, qu'il avait fait restaurer. Par son testament du 16 février 1497, il avait donné les terre, fief, château, domaine et dépendance de Moyencourt, à Robert et à Hector de Moyencourt ses deux fils aînés, comme étant nés jumeaux, pour être ladite terre possédée en commun par eux et leur postérité.

= Femme : Marié par contrat, passé à Amiens, le 28 février 1447, à Jacqueline de SAISSEVAL, tante de Jean de Saisseval, qui fut élu maieur (maire) de la ville d'Amiens en 1510.

— Enfants : 1er Robert II, qui suivra.

2° Hector de Moyencourt, né jumeau avec Robert II, en 1448, écuyer, seigneur de Moyencourt en partie, des fiefs de Saint-Martin à Fricamps, et de Burtebise à Saint-Aubin. Il rendit, le 12 juin 1497, avec Robert II de Moyencourt, son frère, aveu et dénombrement des terres, fiefs et seigneurie de Moyencourt, et foi et hommage à Mgr Jean de Soissons, chevalier, prince de Poix, sire de Moreuil et grand bailly de Vermandois. Il partagea, en novembre 1497, la succession de son père, avec ses frère et sœurs. Il fut tuteur de Charles de Moyencourt, son neveu, et ce fut à ce titre qu'il assista, en 1505, à l'assemblée générale des trois ordres de Picardie, tenue pour la réformation des coutumes de cette province. Hector de Moyencourt fit un accord passé à Poix, le 20 décembre 1512, avec Charles et Jean de Moyencourt, ses neveux ; il fit son testament le 24 octobre 1520, en faveur de Jean de Moyencourt, son neveu, chef de la deuxième branche, et mourut peu après sans enfants.

— Marié, en 1485, à Mathilde de Breilly, morte avant son mari ; fille cadette de Jacques d'Orival, écuyer, seigneur de Breilly près Cavillon, capitaine du château de Molliens-Vidame, et de Christine de la Tramerie, issue des seigneurs de Quevauvillers.

3° Antoinette de Moyencourt, qui testa en 1515.

— Épousa, en 1487, Jean de la Tramerie, écuyer, seigneur de Quevauvillers et autres lieux, neveu de Christine, citée ci-dessus.

4e JACQUELINE DE MOYENCOURT, morte après 1509.

— *Épousa*, en 1492, RAOUL DE LONGUEVAL, écuyer, seigneur de Tailly près Warlus, capitaine de cavalerie, qui se distingua à la bataille d'Aignadel, où il fut tué, le 14 mai 1509.

IXe *degré :* 1497. ROBERT II DE MOYENCOURT, né jumeau, en 1448, écuyer, seigneur de Moyencourt et pair de la châtellenie de Poix. Il donna aveu et dénombrement de la terre de Moyencourt, et fit foi et hommage, avec Hector de Moyencourt, son frère, le 12 juin 1497, à Mgr. Jean de Soissons, chevalier, prince de Poix, sire de Moreuil et grand-bailly de Vermandois. Dans un relevé d'une déclaration du sire de Poix, qu'il fit en 1497, des villes de Poix, d'Eplessier, d'Equesnes, etc., dans laquelle sont compris les pairies et fiefs qui relevaient alors de la châtellenie de Poix, on lit : « PAIRIE DE MOYENCOURT ; *item, tient de moy Monseigneur* « *Robert de Moyencourt une pairie à plein hommage, à plein* « *relief, à plein service en ladite ville de Moyencourt; item,* « *le dit seigneur de Moyencourt tient un fief situé en sa dite* « *ville à plein hommage, à 60 sols parisis de relief, et* « *60 sols parisis d'aydé.* »

En novembre 1497, Robert II de Moyencourt partagea, avec ses frère et sœurs, la succession de feu Jean de Moyencourt, son père. Il fit son testament le 3 avril 1503, par lequel il partage ses quatre enfants, et fait Charles, son aîné, son héritier, et mourut au château de Moyencourt en 1504, âgé de cinquante-six ans. Son corps fut inhumé au tombeau de ses ancêtres, en l'église de cette paroisse.

= FEMME : Marié, par contrat du 23 février 1480, passé à Amiens, à ANTOINETTE DE SAINT-ROMAIN, qui resta veuve, et fille de Charles de Saint-Romain, chevalier, seigneur en partie dudit lieu, de Wadencourt, Blétricourt et de Sailly, capitaine de cavalerie, gouverneur du comté de Clermont, et de Mathilde de Lengletier, dame en partie de la terre et seigneurie de Lengletier.

— *Enfants :* 1er CHARLES, qui suivra.

2e JEAN DE MOYENCOURT, tige de la deuxième branche, rapportée plus bas, page 34.

3° MATHILDE DE MOYENCOURT.

4e JACQUELINE DE MOYENCOURT.

Ces deux filles, [aînées de leurs frères, étaient déjà mariées en 1504, lors de la mort de Robert II, leur père.

Xe *degré :* 1504. CHARLES DE MOYENCOURT, né le 23 mai 1488, écuyer, seigneur de Moyencourt, Wadencourt, Arquèves et Lenglentier, pair de la châtellenie de Poix. En 1504, à la mort de son père, il fut, ainsi que Jean de Moyencourt, son frère, placé sous la tutelle de son oncle Hector de Moyencourt, écuyer, seigneur dudit lieu en partie. Charles et Jean de Moyencourt frères firent un accord à Poix, le 20 décembre 1512, avec Hector de Moyencourt, écuyer, leur oncle, dans lequel ils sont tous trois qualifiés seigneurs de Moyencourt pour chacun un tiers. Charles de Moyencourt rendit foi et hommage pour sa part, le 21 juin 1513, à Mgr Jean, sire de Créquy, et à haute et puissante dame madame Jossine de Soissons-Moreuil, dame et châtelaine de Poix, et en donna aveu et dénombrement le 4 mai 1525, aux mêmes seigneur et dame. Ledit acte dit *rendu par messires Charles et Jean de Moyencourt frères, écuyers, seigneurs de Moyencourt pour chacun leur moitié.* Ces deux frères eurent plusieurs différends entre eux, au sujet de leurs domaines ; ils voulaient être tous deux seigneurs dominants de la terre de Moyencourt, et, à ce titre, recevoir les droits seigneuriaux, comme aussi les honneurs et préséance à l'église. Cet état de choses dura très-longtemps, car nous voyons qu'une transaction fut passée au château de Moyencourt, le 26 juin 1551, afin de régler les droits de chacun dans la seigneurie de Moyencourt ; en 1556, Charles de Moyencourt passa encore une autre transaction ; il fit un accord en 1557 avec Jean, son frère ; une autre transaction, en 1560, à Amiens ; un autre accord en 1562 ; d'autres transactions furent passées en 1564 et 1567 ; un arrangement en 1569, une autre transaction en 1576. (Voyez plus loin l'inventaire des titres.) Enfin Charles de Moyencourt fit son testament le 9 mars 1577, en faveur de sa fille Antoinette de Moyencourt (1), et mourut au château de Moyencourt, en 1578, âgé de quatre-vingt-dix ans. Son corps fut inhumé dans l'église de ce lieu auprès de ses pères.

= Femme : Marié, en 1512, à Adrienne de WARLU-ZEL, qui vivait encore en août 1560.

XIe *degré :* 1578. Antoinette de MOYENCOURT, fille unique du précédent, née au château de Moyencourt, le 23 septembre 1513, dame de Moyencourt et autres lieux, terres et seigneuries qu'elle porta dans la famille du Chastelet, par son mariage avec le suivant, et elle mourut vers 1580, la dernière de la branche aînée, dont les membres ont possédé Moyencourt pendant plus de cinq cents ans.

= *Mariée,* par contrat du 15 octobre 1533, à Charles du CHASTELET, écuyer, seigneur du Chastelet, de Frefay, de Colomby et de Harlay.

Leur postérité s'est éteinte dans la personne de Nicolas du Chastelet, écuyer, seigneur de Moyencourt, décédé au château de cette paroisse le 5 octobre 1728, âgé de soixante et un ans.

(*Voyez* le tableau chronologique des seigneurs de Moyencourt, page 6. — (*Branche éteinte.*)

(1) Nous avons rapporté ce Testament en entier, dans l'inventaire des titres de cette famille, sous le numéro 35.

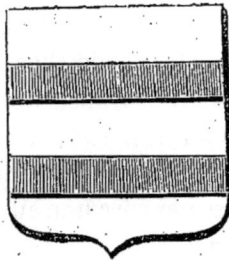

Armes de la famille de Morvillers, p. 22

IIᵉ BRANCHE : Seigneurs de Moyencourt en partie, du Coudray, de la Horbe, du Quesnoy, de Rune, etc.

Xᵉ degré : 1504. JEAN DE MOYENCOURT, deuxième fils de Robert II de Moyencourt, chevalier, seigneur de Moyencourt, mort en 1504, et d'Antoinette de Saint-Romain, né au château de Moyencourt, le 14 mars 1491, écuyer, seigneur de Moyencourt en partie, fut, ainsi que son frère Charles, placé sous la tutelle d'Hector de Moyencourt, son oncle, comme on le voit dans plusieurs titres. On le trouve titré et qualifié de haut et puissant seigneur messire Jean de Moyencourt, écuyer, seigneur de Moyencourt et autres lieux, dans un grand nombre d'actes. Il fut donataire d'Hector de Moyencourt, chevalier, seigneur dudit lieu, comme on le voit par le testament de ce dernier, fait en 1525. Il rendit, avec Charles, son frère aîné, le 4 mai 1525, aveu et dénombrement de la terre de Moyencourt, pour chacun leur moitié dans cette seigneurie. Il fit une transaction, passée au château de Moyencourt, le 26 juin 1551, avec Charles, son frère, pour régler chacun leurs droits dans la seigneurie de Moyencourt, qui était possédée entre eux en commun. Dans une déclaration, faite en forme de compte général, de la principauté de Poix, pour l'année 1554, on lit : *Item, Jean de Moyencourt, seigneur dudit lieu, tient ladite seigneurie en une pairie à plein hommage et plein relief.* En 1556, dans une transaction passée à Poix, entre Jacques Trudaine, seigneur de Saint-Romain, figurent Antoinette de Moyencourt, Jean, dit Hector de Moyencourt, et Hector, son fils, écuyers, seigneurs en partie de Moyencourt, et messire Charles de Moyencourt, chevalier, seigneur aussi en partie dudit Moyencourt. Dans une autre transaction passée à Amiens en août 1560, avec noble et puissant seigneur Charles de Moyencourt, écuyer, baron et seigneur de Moyencourt et autres lieux, et Jean, son frère, ce dernier est qualifié noble et puissant seigneur Jean, dit Hector de Moyencourt, écuyer, seigneur dudit Moyencourt, etc. Il fit son testament le 13 février 1562, et mourut le 17 juillet de la même année. Son corps fut inhumé dans l'église Saint-Martin de Moyencourt, au tombeau de ses ancêtres.

= FEMMES : Marié, 1° par contrat du 12 mars 1512, à FIRMINE DE SARCUS, morte en mai 1514 ;

2° Par contrat du 3 janvier 1515, à ISABELLE D'ABOVAL, qui périt par accident en avril 1517; fille de Claude d'Aboval, écuyer, seigneur dudit lieu, puis de Maucourt près Guiscard, mort en 1510, et d'Antoinette de Maucourt, dame dudit lieu ;

3° Par contrat du 28 décembre 1517, à PHILIPPINE D'AUMALE, qui resta veuve et mourut le 24 octobre 1573.

— *Enfant* (troisième lit) : HECTOR, qui suit.

XIᵉ *degré* : 1562. HECTOR DE MOYENCOURT, né au château de Moyencourt, en octobre 1518, écuyer, seigneur de Moyencourt en partie (avec Charles, son oncle), des fiefs de Tanfol et de Termont, etc. Il servit avec distinction sous les rois François Iᵉʳ, Henri II, François II et Charles IX. On le trouve au siége de Perpignan en 1542, à la bataille de Cérisoles en 1544; il suivit ensuite l'amiral d'Annebaut dans son expédition contre les Anglais, en 1545. Il commandait une compagnie d'infanterie sous le maréchal de Brissac, au siége de Lens, en 1551; suivit le roi Henri II à la défense de la ville de Metz, en 1552, et fut blessé au siége de la ville de Térouanne, en 1553; il combattit à la célèbre bataille de Saint-Quentin, en 1557, au siége de Calais, en 1558, et à la bataille de Saint-Denis, en 1567. Il se trouva encore à la bataille de Moncontour, le 3 octobre 1567, et au siége de la Rochelle, où il perdit un bras en 1573. Là, le maréchal de Cossé le fit soigner et reconduire par des hommes de son corps jusqu'au château de Moyencourt.

Hector de Moyencourt figure dans plusieurs actes de son temps, entre autres dans une transaction de 1556, et dans une autre du mois d'août 1560, où fut présent son père.

Dans cette dernière, il y est dit: « *Hector de Moyencourt,*
« *chevalier, capitaine, valétudinaire, etc.* » Dans un accord,
passé en septembre 1562, entre lui et Charles de Moyencourt, son oncle, il est qualifié « *noble et puissant seigneur*
« *Hector de Moyencourt, chevalier, seigneur de Moyencourt,*
« *Wadencourt et autres lieux.* » Il a encore la même qualité dans un acte d'arrangement fait en 1567, avec Charles
de Moyencourt, son oncle, et dans le procès-verbal dressé
lors de la réunion des trois ordres de Picardie, tenue pour
la réformation des coutumes de cette province, le samedi
20 septembre 1567. Dans ce procès-verbal, il est nommé :
« *Hector de Moyencourt, écuyer, seigneur dudit lieu, com-*
« *parant pour Charles de Moyencourt, écuyer, seigneur*
« *usufruitier dudit Moyencourt, Arquesnes et Langlantier.* »
En novembre 1573, Hector de Moyencourt se vit engagé
dans un procès considérable, et, pour le payer, il fut obligé
de vendre et de céder tout ce qu'il possédait à Moyencourt,
à Antoinette de Moyencourt, sa cousine; il fut forcé de
vendre aussi les fiefs de Tanfol et de Termont, sis paroisse
de Clairy, et provenant de la dote de Suzanne de Clairy, sa
première femme, pour rembourser la somme de 6,000 livres qu'il devait au sieur d'Ippre, son beau-frère, de sorte
qu'il ne resta plus rien à ses trois enfants. Il fit enfin son
testament, le 23 mars 1574, dans lequel il est encore qualifié de « Noble Hector de Moyencourt, chevalier, seigneur
dudit lieu, des fiefs de Tanfol et Termont (voyez plus loin
n° 33 de l'inventaire), et mourut la même année au château de Moyencourt, qu'il s'était réservé sa vie durant. I
fut inhumé dans l'église de ce lieu, au tombeau de ses
pères.

  = FEMMES : Marié, 1° en 1544, à SUZANNE DE CLAIRY,
dame des fiefs de Tanfol et Termont, sis paroisse de Clairy,
qu'elle eut pour dot, et qu'elle donna par testament à Hector de Moyencourt, son mari. Elle ne vivait plus en 1550;
fille de Pierre de Clairy, écuyer, seigneur en partie dudit
lieu, et de Suzanne de Louvencourt, dame desdits fiefs de
Tanfol et de Termont ;

2° En 1551, à LOUISE D'IPPRE, qui resta veuve et vivait encore le 28 août 1576;

— *Enfants* (premier lit) : 1ᵉʳ PIERRE Iᵉʳ, qui suivra :

2ᵉ JEAN DE MOYENCOURT, établi à Dieppe, pays de sa femme, où il laissa sa postérité, éteinte vers 1780.

3°. (Deuxième lit) : MARIE DE MOYENCOURT, religieuse à Amiens dès 1580.

XIIᵉ *degré* : 1574. PIERRE Iᵉʳ DE MOYENCOURT, écuyer, fut receveur des terres et seigneuries de Clairy et du Sauchoy; il demeurait à Clairy, en 1585. Dans son contrat de mariage, passé en 1576, il est nommé noble Pierre de Moyencourt, écuyer, seigneur dudit lieu en partie; il est appelé noble homme et ancien receveur dans son testament du 26 juillet 1611, par lequel il ordonne être enterré dans l'église de Moyencourt, auprès de son père Hector, dont il avait fait réparer les tombeaux et épitaphes de ses ancêtres. Il était mort en 1612.

= FEMME : Marié, par accord passé au château de Moyencourt, le 28 août 1576, à THÉRÈSE DE FROISY, fille de noble Noël de Froisy, lieutenant, puis bailly de la justice de Pissy, et de feue noble Catherine de Taisnil.

— *Enfants* : 1ᵉʳ NOEL, qui suivra.

2ᵉ HECTOR DE MOYENCOURT, fut receveur de Clairy, puis lieutenant du bailly de la justice de cette paroisse dès 1612.

XIIIᵉ *degré* : 1612. NOEL DE MOYENCOURT, fut d'abord receveur des terres et seigneuries de Bussy, de Moyencourt, puis de Creuse, comme on le voit par des actes et des lettres des années 1609, 1612, 1619 et 1627. Dans son contrat de mariage passé en 1610, il est nommé noble Noël de Moyencourt, fils aîné de noble Pierre de Moyencourt, écuyer, et de dame Thérèse de Froisy. Il est encore nommé noble et ancien receveur dans son testament du 3 octobre 1645. Il mourut en 1646.

= FEMME : Marié par contrat du 12 mai 1610, à TOUSSAINE DE MAILLY, morte à Clairy, le 15 février 1665; fille de noble homme Pierre de Mailly, écuyer, seigneur de

Grand-Pré, fief sis à Croixrault, et tante de Louis de
Mailly, qui fut curé de la paroisse de Moyencourt pendant
trente-cinq ans, où il mourut le 27 avril 1682.

— *Enfants :* 1er François Ier, qui suivra.

2e JACQUES DE MOYENCOURT, tige d'une branche qui s'est
fondue à la quatrième génération dans la famille DUMONT,
et dont le dernier mâle, Antoine-Charles-François DUMONT,
né le 3 août 1824, se qualifiait *baron de Moyencourt*, a
passé, ainsi que Jean-Antoine Dumont de Moyencourt, son
père, toute sa vie à la recherche des titres et actes de la
famille de Moyencourt. Il a quitté la France en 1866, pour
aller en Italie, où il a été tué dans l'insurrection de Palerme, en septembre même année, sans avoir été marié(1).

« MM. Dumont père et fils, quoique n'appartenant à la
« famille de Moyencourt que par les femmes, employèrent
« cependant de longues années à faire des recherches très-
« suivies, très-consciencieuses et souvent très-heureuses
« sur la maison de Moyencourt et ses alliances (2).

3e NOELLE DE MOYENCOURT, morte après 1655.

— *Epousa*, vers 1640, SIMON MAILLE, de la paroisse de
Clairy.

4e ANTOINETTE DE MOYENCOURT,

— *Epousa* vers 1642, FRANÇOIS POTRON, de Clairy.

5e FRANÇOISE DE MOYENCOURT, non mariée en 1651.

XIVe *degré :* 1646. FRANÇOIS Ier DE MOYENCOURT, né
vers 1612; il est cité dans un titre de 1636, avec M. Noël
de Moyencourt, son père, ancien receveur de Bussy. Il
était lieutenant de la justice seigneuriale de Clairy en 1645.
Il est nommé noble François de Moyencourt dans son contrat de mariage fait en 1638 ; et obtint un arrêt en 1661,
de la chambre souveraine des Francs-fiefs, où il est dit :

_____

(1) *L'Annuaire de la Noblesse de France* pour l'année 1867, p. 337,
dit : Antoine-Charles François DU MONT, *baron* DE MOYENCOURT, tué dans
l'insurrection de Palerme (Italie), en septembre 1866, âgé de 43 ans.

(2) Notes de M. Alfred de Moïencourt, de Luzières.

rendu en faveur de François de Moyencourt et ses enfants.
Il fit faire un procès-verbal en juillet 1666, par le lieutenant particulier du bailliage d'Amiens, des épitaphes et blasons des armes de la famille de Moyencourt (voyez n° 41 de l'inventaire, rapporté plus loin). Il mourut en 1670.

== FEMME : Marié par contrat du 24 juin 1638, à PASQUETTE MAILLE, de la paroisse de Clairy.

— *Enfants :* 1er FRANÇOIS II, qui suivra.

2e Autre FRANÇOIS DE MOYENCOURT, tige d'une branche qui s'est fondue dans la famille THUILLIER, et qui s'est éteinte vers 1770.

3e CHRISTOPHE DE MOYENCOURT, tige de la quatrième branche, rapportée plus bas, page 49.

4e PIERRE DE MOYENCOURT, mort sans postérité mâle après 1716.

— *Marié,* vers 1700, à MARGUERITE PETIT, de la paroisse de Namps-au-Val.

5° NOELLE DE MOYENCOURT, mariée par son père, morte après 1680.

— *Epousa* à Clairy, le 22 juillet 1670, JEAN GUIGNON.

6e MARIE DE MOYENCOURT, morte après 1696.

— *Epousa* à Clairy, le 20 novembre 1674, CLAUDE SOUALLE.

7e GABRIELLE DE MOYENCOURT, morte à Namps-au-Val, le 29 novembre 1698.

— *Epousa* CHARLES MANTEL.

XVe *degré :* 1670. FRANÇOIS II DE MOYENCOURT, baptisé à Clairy, le 21 février 1639. Il alla, par suite de son mariage, s'établir à Namps-au-Val, où il devint receveur de la seigneurie de cette paroisse dès 1670 ; charge à laquelle il avait succédé à son beau-père. Il mourut dans la maison seigneuriale dudit Namps-au-Val, le 17 octobre 1711, âgé de quatre-vingt-un ans, et fut inhumé dans l'église de Saint-Martin de ce lieu.

== FEMME : Marié, vers 1664, à Namps-au-Val, à CATHERINE PETIT, morte dans ce lieu, le 25 juillet 1692, et fut

inhumée le lendemain; fille de Pierre Petit, receveur de la terre et seigneurie de Namps-au-Val, pour la
maison de Croï d'Havré, et de Catherine de Rivery.

— *Enfants :* 1er PIERRE II, qui suivra.

2e JEAN DE MOYENCOURT, tige de la troisième branche,
rapportée plus bas, page 42.

3e FRANÇOIS DE MOYENCOURT, tige d'une branche qui
existe encore aujourd'hui.

4e ANGÉLIQUE DE MOYENCOURT, qui vivait encore le 7 février 1709.

XVIe *degré :* 1711. PIERRE II DE MOYENCOURT, né à
Courcelles-les-Moyencourt, en 1665, établi à Vellennes, paroisse Saint-Pierre-de-Frémontiers, devint receveur de
cette seigneurie pour le duc de Croï d'Havré, dès 1690, et
mourut audit Vellennes, le 4 novembre 1731, âgé de
soixante-six ans. Son corps a été transféré à Courcelles, lieu
de sa naissance, où il fut inhumé le 5 du même mois.

═ FEMMES : Marié, 1° vers 1690, à MARIE DAGUE, née
en 1668, morte vers 1703; fille de Jacques Dague, mort à
Fremontiers, le 18 avril 1685, âgé de quatre-vingts ans.

2° A Courcelles-sous-Moyencourt, le 19 janvier 1706, à
MARIE DU NEUFGERMAIN, née vers 1664; fille de Firmin
du Neufgermain, décédé à Courcelles, le 22 décembre 1713,
âgé de quatre-vingts ans, et de Perrine Quelin, décédée
audit lieu, le 11 mai 1709, âgée de soixante-seize ans.

— *Enfants* (1er lit) : 1er JEAN-BAPTISTE, qui suivra.

2° LOUIS DE MOYENCOURT, né à Vellennes, le 14 janvier
1693, et baptisé le lendemain.

3° FRANÇOIS-JOSEPH DE MOYENCOURT, dont l'article suivra
après celui de son frère aîné.

4° MARIE-FRANÇOISE DE MOYENCOURT, née et baptisée à
à Vellennes, le 16 avril 1698.

— *Epousa,* vers 1726, NICOLAS FROMENT, père de Pierre-
Florimont-François Froment, écuyer, seigneur de Gauville,
capitaine, et ancien exempt de la prévôté de l'hôtel du roi.

5e MARIE-THÉRÈSE DE MOYENCOURT, née et baptisée à Vellennes, le 1er mai 1703.

XVIIe *degré :* 1731. Jean-Baptiste de MOYENCOURT, né vers 1691, devint conseiller du roi, élu en l'élection d'Amiens dès 1728, et c'est en cette qualité qu'il assista, en 1734, au mariage de François de Moyencourt son frère. Il acquit, par contrat passé devant Me d'Hangest, notaire à Amiens, le 5 décembre 1736, une maison du sieur Parmentier, sise rue du Collége (aujourd'hui rue Saint-Denis), à Amiens, et mourut dans cette ville.

= Femme : Marié, vers 1716, à Marie de LA CROIX.

— *Enfants :* 1er Pierre III, qui suivra ;

2e Marie-Anne de Moyencourt, née et baptisée à Amiens, paroisse Saint-Michel, le 28 juillet 1719 ; elle eut trois maris et mourut veuve, à Amiens, le 1er février 1809, âgée de quatre-vingt-dix ans.

— *Épousa* en troisièmes noces Jacques-Robert-Wulfranc-Samson d'Hercourt.

XVIIIe *degré :* Pierre III de MOYENCOURT, né et baptisé à Amiens (Saint-Michel), le 5 juillet 1718, mort sans postérité.

XVIIe *degré (bis) :* 1731. François-Joseph de MOYENCOURT, né et baptisé à Vellennes, le 16 février 1696, écuyer, seigneur de la Horbe, du Quesnoy, de Rune et du Coudray, garde de la porte du roi, et officier militaire de la maison des rois Louis XV et Louis XVI. En 1781, il fit don de trois cloches à l'église Saint-Christophe de Vellennes, et mourut sans enfants, dans sa maison de Vellennes, le 11 avril 1781, âgé de quatre-vingt-huit ans, et fut inhumé dans la chapelle dudit Vellennes, paroisse de Frémontiers.

= Femme : Marié à Amiens (église cathédrale), le 16 décembre 1734, à Marie-Catherine FROMENT, né en 1691, veuve en premières noces de sieur Louis Le Roux, du hameau du Rot, paroisse de Frémontiers ; elle mourut à Vellennes, le 26 septembre 1741, âgée de cinquante ans, et fut inhumée le lendemain dans la chapelle dudit lieu, etc.

(Branche éteinte.)

IIIᵉ BRANCHE : Seigneurs de Lentilly, paroisse de Vers, près Amiens.

Le chef actuel de cette branche habite le château de Luzières (Somme).

XVIᵉ *degré :* 1711. JEAN DE MOYENCOURT, deuxième fils de François II de Moyencourt, mort en 1711, et de Catherine Petit, morte en 1692 ; né vers 1669, seigneur de Lentilly, officier de Mgr le duc d'Orléans, régent du royaume ; il acquit, par contrat du 19 juin 1696, passé devant Bono et Caron, notaires à Paris, le fief de Lentilly, du sieur Antoine Lucas, moyennant 8,200 livres. Il embellit ce domaine, fit fortifier sa maison seigneuriale par des murailles et des fossés remplis d'eau vive ; il fit aussi construire la porte d'entrée qui existe encore ; elle est à plein cintre et défendue par des meurtrières. C'est au-dessus de cette porte que Jean de Moyencourt avait, dit-on, fait placer ses armoiries, qui furent détruites en 1793. Il mourut dans sa maison de Lentilly, le 12 juillet 1738, âgé de soixante-neuf ans, et fut inhumé le lendemain dans l'église Saint-Remi de Vers, sa paroisse, où l'on voit encore son épitaphe ainsi que celle de sa femme.

= FEMME : Marié par contrat du 12 mai 1696, signé Le Caron, notaire à Amiens, et célébration en l'église Saint-Martin de Namps-au-Val, le 5 août suivant, à MARIE FOUQUESOLLE, née vers 1675, morte en sa maison de Lentilly, le 5 juin 1711, et qui fut inhumée dans l'église de Vers, sa paroisse ; fille de sieur Pierre Fouquesolle, né en 1636, mort à Vers, le 1ᵉʳ mai 1711, âgé de soixante-quinze ans, et de Marie Hux ou Luce, qui resta veuve.

— *Enfants :* 1ᵉʳ FRANÇOIS, qui suivra ;

2ᵉ JEAN-LOUIS DE MOYENCOURT, né à Vers, jumeau avec le précédent, le 15 juin 1702 ; mort le 16 mai 1703.

3ᵉ JEAN-BAPTISTE DE MOYENCOURT, tige de la cinquième branche rapportée plus bas, page 55.

4° Pierre de Moyencourt, né et baptisé à Vers le 17 juillet 1709 ; mort à Namps-au-Val, le 8 août suivant ;

5° Autre Pierre de Moyencourt, né et baptisé à Vers, le 15 août 1712, où il mourut, le 15 juillet 1791, âgé de quatre-vingt-deux ans. Il fut la tige d'une branche qui s'est éteinte le 28 février 1812.

— *Marié* à Clairy, le 26 juin 1737, à Geneviève Nollen, née à Clairy, en 1707 ;

6° Marie-Louise de Moyencourt, aînée de ses frères, née à Vers, le 8 juin 1697 ; morte à Quevauvillers, le 28 février 1780, âgée de quatre-vingt-trois ans.

— *Épousa*, à Amiens (Notre-Dame), le 24 novembre 1722, Jean Caron, né en 1691, de la paroisse de Notre-Dame du Gard, lieutenant de la justice et seigneurie de Quevauvillers, où il mourut le 27 mai 1756, à soixante-six ans ;

7° Marguerite de Moyencourt, née et baptisée à Vers, le 12 juin 1699 ; morte le 28 juillet suivant ;

8° Marie-Catherine de Moyencourt, née à Vers, le 22 septembre 1700, morte le 14 octobre suivant.

9° Marie-Madeleine de Moyencourt, née en 1704 ; morte à Vers, le 14 septembre 1730, âgée de vingt-six ans. Cette demoiselle figure dans l'épitaphe de son père.

10° Autre Marie-Catherine de Moyencourt, née et baptisée à Vers, le 9 novembre 1707 ; morte à Saleux, près Amiens, le 17 novembre 1774.

— *Epousa*, vers 1731, Joseph Brunel, propriétaire à Saleux.

XVII° *degré* : 1738. François de MOYENCOURT, né jumeau, et baptisé à Vers, le 15 juin 1702, partagea la succession de ses père et mère, par acte du 13 décembre 1738, avec ses frères et sœurs ; un autre partage eut encore lieu le 18 mars 1739. Il alla s'établir à Sarcus (Oise), où il devint receveur de cette seigneurie, et y mourut le 4 octobre 1766, âgé de soixante-quatre ans.

= Femmes : Marié, 1° par contrat du 17 juin 1727, reçu par M. Antoine Bergier, notaire à Grandvilliers, et célébra-

tion en l'église Saint-Pierre de Sarcus, le 5 juillet suivant,
à LOUISE SOHIER, morte avant le 23 février 1753 ; veuve en
premières noces de François Thuillier, et fille de Pierre
Sohier, de Sarcus, et de Madeleine Bense.

2° vers 1754, à MARIE-MADELEINE GELÉE, de Sarcus,
morte sans enfants avant le 4 octobre 1766. .

ꝑ XVIIIᵉ *degré* : 1766. JEAN-BAPTISTE DE MOYENCOURT,
fils unique du précédent, né et baptisé à Sarcus, le 2 juin
1728, devint receveur de Sarcus dès 1753, pour haute et
puissante dame Angélique-Henriette-Marie de Tiercelin,
marquise de Pons et de Sarcus, puis en 1763, pour haut et
puissant seigneur François, marquis de Grasse et de Sarcus.
Il devint ensuite maître de la poste aux chevaux de Sarcus,
où il mourut, le 3 août 1807, âgé de soixante-dix-neuf ans.

═ FEMME : Marié, par contrat du 18 février 1754, reçu
par Mᵉ Jean-Baptiste Robiquet, notaire à Sarcus, et célébration le lendemain en l'église de cette paroisse, à MARIE-
MAGDELAINE PREVOST, fille d'Alexis Prevost, mort à Sarcus, le 3 décembre 1762, âgée de soixante-huit ans, et de
Marie-Anne Robert.

— *Enfants* (entre autres) : 1ᵉʳ ADRIEN-LOUIS-FERDINAND,
qui suivra.

2° MARIE-MADELEINE-ROSE-VICTOIRE DE MOYENCOURT, née
et baptisée à Sarcus, le 8 décembre 1761.

— *Epousa*, vers 1786, PIERRE-ÉTIENNE-FRANÇOIS BAILLY,
propriétaire à Saint-Just (Oise), mort après 1821.

XIXᵉ *degré* : 1807. ADRIEN-LOUIS-FERDINAND DE MOYEN-
COURT, né et baptisé à Sarcus, le 8 juin 1760 ; alla s'établir au hameau du Petit-Haleine, commune de Saint-Thibault (Oise), où il devint agent municipal en 1798, puis
maire, le 14 février 1809 ; il mourut au Petit-Haleine, le
25 juillet 1821, âgé de soixante ans.

═ FEMME : Marié, par contrat du 23 avril 1787, reçu par
Mᵉ Louis-François-Richard Caullier, notaire à Halluin,
aujourd'hui Maignelay (Oise), et célébration le lendemain,

en l'église de Saint-Jean de Breteuil, à MARIE-HÉLÈNE-AMABLE PREVOST, née en 1765, morte au Petit-Haleine, le 21 mars 1805, âgée de quarante ans; fille de Jean-Baptiste Prevost et de Marie-Hélène-Antoinette Bailly.

Enfants : 1er FERDINAND-AIMABLE-SIMON, qui suivra.

2e MARIE-MADELEINE-HÉLÈNE-VICTOIRE DE MOYENCOURT, née au Petit-Haleine, le 30 septembre 1788; morte à Amiens, le 12 mars 1849, âgée de soixante ans et six mois.

— *Epousa* PIERRE BEAUCOUSIN, né à Amiens, en 1773; mort dans la même ville, le 4 juillet 1847, âge de soixante-quatorze ans.

3e ADÉLAIDE DE MOYENCOURT, morte à Falaise (Calvados).

— *Epousa* EDOUARD LECLERC, maire de la ville de Falaise pendant dix ans, membre du conseil général du Calvados, et créé chevalier de la Légion d'honneur, le 18 janvier 1848.

Fils de Jacques-Edouard Leclerc, propriétaire, ancien membre du conseil général et député du Calvados, chevalier de la Légion d'honneur, et créé pair de France, le 19 mai 1845; mort en 1852.

4e MARIE-ELISABETH-VICTOIRE DE MOYENCOURT, née au Petit-Haleine, le 10 février 1799, demeurant à Falaise.

— *Epousa* ALPHONSE LESASSIER DE BOISAULNÉ, propriétaire, ancien adjoint au maire de Falaise, commandant de la garde nationale de cette ville, membre du conseil d'arrondissement, et créé chevalier de la Légion d'honneur, le 10 janvier 1835.

XXe *degré* : 1821. FERDINAND-AIMABLE-SIMON DE MOYENCOURT, né au Petit-Haleine, commune de Saint-Thibault (Oise), le 6 octobre 1794; il s'établit d'abord à Aumale (Seine-Inférieure) dès 1814, puis devint, par son mariage, propriétaire de l'ancien fief, domaine et château de Luzières-lès-Conty (Somme). Membre du conseil d'arrondissement d'Amiens et maire de la ville de Conty pendant vingt ans, où il jouissait de la considération et de l'estime de tous, M. de Moyencourt fit faire de nombreux et utiles travaux pour l'embellissement de cette ville; il y fit construire une halle, au-dessus de laquelle sont placées la mairie et la justice de paix; fit redresser la route qui se trouve en face de l'église, et fit baisser la rue qui est contre ce beau monument afin de le rendre moins humide, etc.; il mourut dans son château de Luzières, le 2 avril 1857, âgé de soixante-trois ans. Son corps repose aujourd'hui dans un caveau qui est au-dessous de la chapelle construite au cimetière de Conty.

═ FEMME : Marié, par contrat du 10 février 1815, reçu par Mᵉ François Mille, notaire à Sentellie près Conty, et célébration en la commune de Thoix (Somme), le 27 du même mois, à demoiselle MARIE-CLAIRE-EMILIE LE TELLIER, née à Amiens, le 23 septembre 1797, aujourd'hui veuve douairière de Moyencourt, demeurant avec son fils au château de Luzières.

Fille de sieur Louis-Timoléon-Borromée Le Tellier, propriétaire, ancien receveur particulier des finances d'Abbeville, où il avait été nommé par Bonaparte, premier consul; mort dans cette ville le 14 janvier 1811, âgé de trente-sept ans, et de dame Marie-Louise-Emilie Thierry, son épouse, qui mourut à Paris (3ᵉ arrondissement ancien), le 13 septembre 1813, âgée de trente-six ans.

— *Enfants* : 1ᵉʳ LOUIS-FERDINAND-ALFRED, qui suivra.

2ᵉ AMABLE-VICTOR-FERDINAND DE MOYENCOURT, né à Aumale, le 6 février 1818, mort jeune.

3ᵉ MARIE-ROSALBE-EMILIE DE MOYENCOURT, née à Aumale, le 29 mars 1822, demeurant à Caen (Calvados).

— *Epousa*, à Conty, le 3 juillet 1845, sieur PAUL-EMILE DAUPHIN-VALEMBOURG, propriétaire, né à Caen, le 28 avril 1820.

— De ce mariage vint pour fille unique : demoiselle EMILIE DAUPHIN-VALEMBOURG, née à Caen, le 19 juillet 1846.

XXIᵉ *degré* : 1857. LOUIS-FERDINAND-ALFRED DE MOIEN-COURT, né à Aumale (Seine-Inférieure), le 25 mai 1816, chef actuel des nom et armes de sa maison, propriétaire du domaine et château de Luzières-lès-Conty; bachelier ès-lettres et licencié en droits; ancien juge suppléant de la justice de paix de Conty, et membre actuel du conseil municipal de cette ville. M. Alfred de Moïencourt a fait construire, dans le cimetière de Conty, dans les années 1860 à 1863, une très-belle chapelle du style roman, laquelle a 8 mètres de longueur dans œuvre, sur 4 mètres de largeur et 6 mètres de hauteur. Ce monument, qui n'est pas dépourvu d'intérêt archéologique, atteste le bon goût de son fondateur, et mérite d'être visité par les antiquaires, les archéologues et les voyageurs, tant par son architecture que par sa situation pittoresque, d'où l'on jouit d'un beau coup d'œil varié (1).

Par jugement rendu par le tribunal civil de première instance séant à Neufchâtel (Seine-Inférieure), en date du 1er août 1867, M. Alfred de Moïencourt obtint la rectification de son nom, et ordonne qu'à l'avenir, son nom sera écrit *de Moïencourt* (2).

M. *Alfred* DE MOIENCOURT, qui est encore garçon, descend au XXIe degré de filiation, depuis Adam de Moyencourt, tige de cette famille, chevalier, seigneur dudit lieu, qui vivait en 1175.

(1) Voyez sur ce monument *Mémorial d'Amiens*, du 18 octobre 1863.
(2) Voyez ce jugement rapporté à la fin de cette notice.

Armes de la famille de Bussy, p. 23.

Tableau chronologique de la filiation de M. Alfred de Moyencourt.

1ᵉʳ *Degré :* 1175. ADAM, tige de cette famille, chevalier, seigneur de Moyencourt.

2 — 1218. FIRMIN, fils aîné, chevalier, seigneur de Moyencourt.

3 — 1254. GAUTIER, fils aîné, chevalier, seigneur de Moyencourt.

4 — 1286. RAOUL, fils aîné, chevalier, seigneur de Moyencourt.

5 — 1339. VINCENT, 2ᵉ fils, écuyer, seigneur de Moyencourt.

6 — 1360 ROBERT Iᵉʳ, fils aîné, chevalier, seigneur de Moyencourt.

7 — 1402. PIERRE Iᵉʳ, 2ᵉ fils, chevalier, seigneur de Moyencourt.

8. — 1443. JEAN Iᵉʳ, fils aîné, chevalier, seigneur de Moyencourt.

9 — 1497. ROBERT II, fils aîné, chevalier, seigneur de Moyencourt.

10 — 1504. JEAN II, 2ᵉ fils, écuyer, seigneur de Moyencourt en partie.

11 — 1562. HECTOR, fils unique, écuyer, seigneur de Moyencourt en partie.

12 — 1574. PIERRE II DE MOYENCOURT, fils aîné, écuyer.

13 — 1612. NOËL DE MOYENCOURT, fils aîné.

14 — 1646. FRANÇOIS Iᵉʳ DE MOYENCOURT, fils aîné.

15 — 1670. FRANÇOIS II DE MOYENCOURT, fils aîné.

16 — 1711. JEAN III DE MOYENCOURT, 2ᵉ fils, seigneur de Lentilly.

17 — 1738. FRANÇOIS III DE MOYENCOURT, fils aîné.

18 — 1766. JEAN-BAPTISTE DE MOYENCOURT, fils unique.

19 — 1807. ADRIEN-LOUIS-FERDINAND DE MOYENCOURT, 3ᵉ fils.

20 — 1821. FERDINAND-AIMABLE-SIMON DE MOYENCOURT, fils unique.

21 — 1857. LOUIS-FERDINAND-ALFRED DE MOÏENCOURT, fils unique, né à Aumale (Seine-Inférieure), le 25 mai 1816, chef actuel des nom et armes de sa maison, et propriétaire du château et domaine de Luzière-lès-Conty.

IVᵉ BRANCHE, établie à Paris et à Toulouse.

XVᵉ *degré* : 1670. CHRISTOPHE DE MOYENCOURT, 3ᵉ fils de François Iᵉʳ de Moyencourt, mort vers 1670, et de Pasquette Maille ; né en 1648, établi à Clairy, où il mourut, le 25 décembre 1712, âgé de soixante-cinq ans.

= FEMMES : Marié, 1° vers 1673, à FIRMINE RETOURNÉ, morte à Namps-au-Val, le 10 août 1707, âgée de soixante-sept ans ;

2° A Bussy-lez-Poix, le 3 juillet 1708, à FRANÇOISE PETIT, née en 1673 ; morte à Namps-au-Val, le 2 janvier 1744, âgée de soixante-dix ans.

— *Enfants :* (premier lit) : 1ᵉʳ PIERRE, qui suivra.

2° MARTINE DE MOYENCOURT, née vers 1675 ; morte à Namps-au-Val, le 1ᵉʳ mars 1709.

— *Epousa*, à Namps-au-Val, le 17 janvier 1697, PIERRE PETIT.

3° LOUISE DE MOYENCOURT, morte à Namps-au-Val, en juillet 1727.

— *Epousa*, à Namps-au-Val, le 14 octobre 1698, JACQUES DE NOYELLES, de Sarcus, mort au dit Namps, le 29 décembre 1708 ;

Dont vinrent huit enfants nés à Namps-au-Val.

4° CLAUDINE DE MOYENCOURT, nommée aussi Glaudine dans les actes.

— *Epousa*, à Namps-au-Val, le 24 février 1702, FIRMIN GRAUX.

5° (deuxième lit) : FRANÇOIS DE MOYENCOURT, né à Namps-au-Val, le 12 janvier 1709 ; mort jeune.

6° JEAN DE MOYENCOURT, né à Namps-au-Val, le 2 janvier 1711 ; mort dans ce lieu, sans alliance, le 3 janvier 1737, à vingt-quatre ans.

7° MARIE DE MOYENCOURT, baptisée à Namps-au-Val, le

4

13 décembre 1709; morte audit lieu, le 23 mars 1765, âgée de cinquante-six ans.

— *Epousa*, à Namps-au-Val, le 19 avril 1730, PIERRE RETOURNÉ, mort au même lieu, le 14 juillet 1785, à soixante-dix-huit ans.

XVIᵉ *degré* : 1712. PIERRE DE MOYENCOURT, né vers 1674, fut greffier de la terre et seigneurie de Namps-au-Val, où il mourut le 11 décembre 1727, à cinquante-deux ans.

＝ FEMME : Marié, à Quevauvillers, le 8 novembre 1707, à MARGUERITE BOIELDIEU (ou Boyeldieu), née en 1687; morte à Namps-au-Val, le 16 novembre 1740, âgée de cinquante-trois ans.

Fille de Jacques Boieldieu, qui resta veuf, et de Françoise Fouquesolle, morte à Quevauvillers, le 27 novembre 1733, âgée de soixante-huit ans.

— *Enfants* : 1ᵉʳ PIERRE DE MOYENCOURT, né en 1712, fut syndic de la paroisse de Namps-au-Val, et mourut à Amiens, le 29 janvier 1755, âgé de quarante-deux ans, et fut inhumé à Namps-au-Val.

— *Marié*, à Namps-au-Val, le 11 février 1738, à MARIE-JEANNE DULERMEZ, morte audit lieu, le 1ᵉʳ février 1756.

Leur postérité existe encore aujourd'hui à Namps-au-Val (Somme).

2ᵉ FIRMIN DE MOYENCOURT, né à Namps-au-Val, le 29 décembre 1738; mort sans alliance.

3ᵉ FRANÇOIS DE MOYENCOURT, qui suivra.

4ᵉ MARIE-MARGUERITE DE MOYENCOURT, aînée de ses frères, née à Namps-au-Val, le 2 octobre 1708; morte sans alliance.

5ᵉ AGNÈS DE MOYENCOURT, née à Quevauvillers, le 8 juin 1710; morte à Namps-au-Val, le 20 novembre 1752, âgée de quarante-quatre ans.

— *Epousa*, à Namps-au-Val, le 20 octobre 1733, JEAN RETOURNÉ, qui se remaria au même lieu, le 7 janvier 1761, avec Marguerite Duparc.

6e Marie-Louise de Moyencourt, née à Namps-au-Val, le 11 mai 1716 ; morte audit lieu, le 19 juin 1796, âgée de soixante-seize ans.

— *Épousa*, à Namps-au-Val, le 28 novembre 1742, Hyacinthe Mille, mort avant sa femme.

7e Marie-Anne de Moyencourt, née vers 1717; morte à Namps-au-Val, le 16 juillet 1766.

— *Épousa*, à Namps-au-Val, le 16 septembre 1737, François Duparcq, mort audit lieu, le 17 mars 1778, à soixante-dix ans.

8e Cécile de Moyencourt, née à Namps-au-Val, le 14 décembre 1723.

XVIIe *degré :* 1727. François de MOYENCOURT, né et baptisé à Namps-au-Val, le 13 septembre 1726; quitta la Picardie pour aller s'établir à Paris ; il devint bourgeois de cette ville, et y mourut le 10 décembre 1784 (Saint-Sulpice), âgé de cinquante-huit ans et trois mois.

= Femme : Marié à Paris, le 8 mai 1759 (Saint-Sulpice, reg. 260, n° 208, fol. 42), à Gabrielle CORNU, née et baptisée à Tonnerre (Notre-Dame), diocèse de Langres, le 25 août 1726; morte à Paris, le 12 novembre 1794 (Municipalité, D. an. III), âgé de soixante-huit ans.

Fille de Denis Cornu, mort à Tonnerre, le 25 mars 1756, à cinquante-quatre ans, et de Françoise Dubard, morte audit lieu, le 9 septembre 1741.

XVIIIe *degré :* 1784. Cyr-François de MOYENCOURT, fils du précédent, né à Paris, le 24 janvier 1766 (Saint-Sulpice, N. reg. 126, fol. 17), et baptisé le surlendemain, devint officier d'artillerie et chevalier du Lys ; mort à Paris (10e arrondissement ancien), le 15 décembre 1835, âgé de soixante-neuf ans.

= Femmes : Marié, 1° vers 1793, à Angélique-Marie-Antoinette GEOFFROY ; morte à Paris (10e arrondissement ancien), le 31 juillet 1806.

2° A Paris (10e arrond. ancien, M. reg. 22, n° 240), le

11 juillet 1808, à MARIE-ANNE PONCELET, née à Dannevoux (Meuse), le 25 novembre 1787, vivante aujourd'hui;
fille de Raymond Poncelet, mort à Dannevoux, le 29 novembre 1789, et d'Anne Marchand, qui resta veuve.

— *Enfants* (premier lit): 1ᵉʳ ANTOINE-FRANÇOIS, qui
suivra.

2ᵉ (Deuxième lit) : *Anatole*-CYR-GABRIEL DE MOYENCOURT,
qui suivra après son frère.

3ᵉ ANNE-APPOLINE-FRANÇOISE DE MOYENCOURT, née à Paris
le 28 avril 1809,

— *Épousa*, à Paris (10ᵉ arrond. ancien, M. reg. 74,
n° 41), le 1ᵉʳ octobre 1829, JEAN-JOSEPH GUILLIETTI, né à
Grandpré (Ardennes) le 28 octobre 1809, professeur à Paris. Ils sont décédés tous deux sans enfants.

XIXᵉ *degré :* 1835. ANTOINE-FRANÇOIS DE MOYENCOURT,
né à Paris (10ᵉ arrond. ancien, N. an IV), le 6 mai 1797;
fut instituteur dans cette ville dès 1822; créé chevalier de
la Légion d'honneur, par ordonnance royale du 29 avril
1838, puis inspecteur des écoles primaires du département
de la Seine; mort à Montmartre-lez-Paris (n° 941 du reg.),
le 31 décembre 1857, âgé de soixante ans.

= FEMME : Marié à Paris (10ᵉ arrond. ancien, reg. 65,
n° 128), le 18 juillet 1827, à ELISABETH-AUGUSTE BEL-
LEAU, née à Paris, le 10 juillet 1809, qui resta veuve.
Fille de Sébastien Belleau, sous-chef de l'ancienne admi-
nistration de la loterie de Paris, mort après 1828, et de
Jeanne Hachet.

— *Enfants :* 1ᵉʳ *Jules*- CÉLESTIN, qui suivra.

2ᵉ MARIE-*Eudoxie*-ÉLISABETH-JEANNE-AUGUSTE DE MOYEN-
COURT, née à Paris, le 17 avril 1829, non mariée.

3ᵉ ÉLISABETH-CORALIE DE MOYENCOURT, née à Paris, le
26 février 1833, non mariée.

XXᵉ *degré :* 1857. *Jules*-CÉLESTIN DE MOYENCOURT, né
à Paris, le 2 février 1840, non marié, chef actuel de sa
branche.

XIXe *degré (bis)* : 1835. *Anatole*-Cyr-Gabriel de MOYEN-COURT, né à Paris (10e arrond. ancien, reg. 80, n° 37), le 5 janvier 1822, bachelier ès lettres et bachelier ès sciences, ancien membre de l'Université de France, et ancien chef de gare des chemins de fer de l'Est. Il fut successivement préparateur de chimie et de physique, répétiteur et professeur adjoint au lycée Saint-Louis, à Paris, de 1839 à 1849. Il quitta le professorat pour entrer dans l'administration du chemin de fer, où il fut chef de gare de 1849 à 1856. M. Anatole de Moyencourt fut nommé, en 1856, inspecteur du mouvement des chemins de fer du Midi, en résidence à Tarbes; il passa en cette qualité à Agen en 1865, puis à Toulouse en avril 1867, où il réside actuellement.

═ Femme: Marié à Paris (11e arrond. ancien, reg. 130, n° 29), le 19 janvier 1850, à Henriette-Félicité HILDE-BRAND, née à Paris, le 9 décembre 1832; fille de Frédéric-Jacques Hildebrand, mort à Paris, le 17 février 1841, et de Marie-Rose-Bouché, morte à Toulouse (Haute-Garonne), le 20 mai 1867.

— *Enfants :* 1er *Gabriel*-Cyr-Frédéric, qui suivra.

2e *Marie*-Rose-Appoline-Anne de Moyencourt, née à Carcassonne (Aude), le 4 mai 1859.

XXe *degré.* — *Gabriel*-Cyr-Frédéric de MOYENCOURT, né à Esbly (Seine-et-Marne), le 24 octobre 1850. Il fait le XXe degré de filiation depuis Adam de Moyencourt, chevalier, seigneur dudit lieu, qui vivait en 1175.

Armes de la famille de Brocourt, page 24.

Tableau chronologique de la filiation
de M. Gabriel de Moyencourt.

1er *Degré* : 1175. ADAM, tige de cette famille, chevalier, sei-
     gneur de Moyencourt.

2 — 1218. FIRMIN, fils aîné, chevalier, seigneur de
     Moyencourt.

3 — 1254. GAUTIER, fils aîné, chevalier, seigneur de
     Moyencourt.

4 — 1286. RAOUL, fils aîné, chevalier, seigneur de
     Moyencourt.

5 — 1339. VINCENT, 2e fils, écuyer, seigneur de Moyen-
     court.

6 — 1360. ROBERT Ier, fils aîné, chevalier, seigneur de
     Moyencourt.

7 — 1402. PIERRE Ier, 2e fils, chevalier, seigneur de
     Moyencourt.

8 — 1443. JEAN Ier, fils aîné, chevalier, seigneur de
     Moyencourt.

9 — 1497. ROBERT II, fils aîné, chevalier, seigneur de
     Moyencourt.

10 — 1504. JEAN II, 2e fils, écuyer, seigneur de Moyen-
     court en partie.

11 — 1562. HECTOR, fils unique, écuyer, seigneur de
     Moyencourt en partie.

12 — 1574. PIERRE II DE MOYENCOURT, fils aîné, écuyer.

13 — 1612. NOEL DE MOYENCOURT, fils aîné.

14 — 1646. FRANÇOIS Ier DE MOYENCOURT, fils aîné.

15 — 1670. CHRISTOPHE DE MOYENCOURT, 3e fils.

16 — 1712. PIERRE II DE MOYENCOURT, fils aîné.

17 — 1727. FRANÇOIS DE MOYENCOURT, 3e fils.

18 — 1782. CYR-FRANÇOIS DE MOYENCOURT, fils.

19 — 1835. ANTOINE-FRANÇOIS DE MOYENCOURT, fils aîné.

20 — 1857. JULES-CÉLESTIN DE MOYENCOURT, fils unique,
     né à Paris, le 2 février 1840, chef actuel
     de sa branche.

19 bis. 1835. ANATOLE-CYR-GABRIEL DE MOYENCOURT, 2e fils
     de Cyr-François, né à Paris, le 5 janvier
     1822.

20 — — GABRIEL-CYR-FRÉDÉRIC DE MOYENCOURT, fils
     unique, né à Esbly (Seine-et-Marne), le
     24 octobre 1850.

Vᵉ BRANCHE, établie à Vers et à Amiens.

XVIIᵉ *degré* : 1738. JEAN-BAPTISTE Iᵉʳ de MOYEN-
COURT, troisième fils de Jean de Moyencourt, seigneur de
Lentilly, où il mourut, paroisse de Vers, le 12 juillet 1738,
et de Marie Fouquesolle, sa femme, morte au même lieu, le
5 juin 1721; né à Amiens, en 1705, fermier du Quesnel, sis
paroisse de Vers, où il mourut le 18 mai 1751, âgé de qua-
rante-cinq ans. Son corps fut inhumé le lendemain dans
l'église Saint-Remi de Vers, où l'on voit encore son épitaphe,
ainsi que celles de sa femme et de leur fille Marie-Clotilde.

═ FEMME : Marié à Amiens (église cathédrale), le 30 juin
1733, à MARIE-CATHERINE LEDUC, née en 1712; morte au
Quesnel, le 22 mai 1753, âgée de quarante et un ans, et fut
inhumée le lendemain dans l'église de Vers, sa paroisse.

Fille de Jean Leduc, fermier du Quesnel, près Vers, où il
mourut, le 24 novembre 1742, âge de soixante-quatorze
ans.

— *Enfants* : 1ᵉʳ JEAN-BAPTISTE-FRANÇOIS DE MOYENCOURT,
né à Vers, le 22 mars 1738; mort sans alliance, audit lieu,
le 25 septembre 1761, à vingt-trois ans, et fut inhumé le
lendemain dans l'église de cette paroisse.

2ᵉ JEAN-LOUIS DE MOYENCOURT, qui suivra.

3° REMI-JOSEPH DE MOYENCOURT, né à Vers, le 20 novembre 1747, devint prêtre et curé de la paroisse d'Offoy (Oise),
dès 1782, où il mourut, le 3 mai 1816, âgé de soixante-huit
ans et cinq mois.

4ᵉ DAMIEN DE MOYENCOURT, né à Vers, le 6 janvier 1751;
il alla résider avec son frère à Offoy, et y mourut sans alliance.

5ᵉ MARIE-CLOTILDE DE MOYENCOURT, née à Vers, le 26 mars
1734; morte audit lieu, le 11 mai 1746, âgée de douze ans.
Cette jeune demoiselle figure dans l'épitaphe de ses père et
mère.

6ᵉ Marie-Catherine de Moyencourt, née à Vers, le 20 mars 1736; morte au Quesnel, le 14 juillet 1806, âgée de soixante et onze ans.

— *Épousa*, vers 1752, Étienne Caron, qui succéda à son beau-père dans la ferme du Quesnel, et mourut à Vers, dont vinrent treize enfants.

7ᵉ Marie-Catherine-Noelle de Moyencourt, morte à Vers, le 31 décembre 1744.

8ᵉ Marie-Louise de Moyencourt, née à Vers, le 25 juillet 1740; morte sans alliance.

XVIIIᵉ *degré :* 1751. Jean-Louis de MOYENCOURT, sieur de Lentilly, né à Vers, le 7 septembre 1743, et baptisé le lendemain ; il partagea, par acte du 26 juin 1770, la succession de ses père et mère, avec ses frères et sœurs, dont il eut le premier lot, *comme étant le plus fort, et en sa qualité d'aîné et d'héritier féodal.* Il fut d'abord fermier à Bovelles, puis vint mourir à Vers-Hébecourt, le 18 février 1808, âgé de soixante-quatre ans.

═ Femme : Marié à Vers, le 3 octobre 1774, à Marie-Élisabeth DAULT, née en 1747; morte à Vers, le 14 novembre 1807, âgée de soixante et un ans.

Fille de feu Robert Dault et de Marie Compère, qui resta veuve.

— *Enfants :* 1ᵉʳ Jean-Louis-Modeste de Moyencourt, né en 1776; mort à Vers, sans alliance, le 24 août 1828, âgé de cinquante-deux ans.

2ᵉ Remi-Joseph de Moyencourt, né à Bovelles, le 26 septembre 1779; mort à Vers, sans alliance, le 3 mars 1808, âgé de vingt-huit ans.

3ᵉ Pierre-Hyacinthe de Moyencourt, né à Bovelles, le 7 octobre 1781; mort à Vers, sans postérité, le 8 avril 1854, âgé de soixante-douze ans.

— *Marié*, à Vers, le 17 novembre 1813, à Marie-Madeleine-Josèphe Dault, née en 1773; fille de Robert Dault, mort à Vers, le 5 septembre 1807, et de Madeleine de Moyencourt, qui resta veuve.

4e BENJAMIN DE MOYENCOURT, qui suivra.

5e MARIE-ÉLISABETH-ROSALIE DE MOYENCOURT, née à Bovelles, le 8 mai 1778; morte audit lieu, le 3 janvier 1808, âgée de vingt-neuf ans.

— *Épousa*, à Bovelles, le 27 novembre 1804, PIERRE MIANNAY, né au même lieu, en 1776, qui resta veuf.

6e MARIE-ANNE-BÉATRIX DE MOYENCOURT, née à Bovelles, le 13 décembre 1783; morte à Vers, le 7 novembre 1860, âgée de soixante-seize ans.

— *Épousa*, à Vers, le 13 avril 1812, ALEXIS-MODESTE DAULT, née en 1776.

7e HENRIETTE-PRUDENCE DE MOYENCOURT, née à Bovelles, le 18 décembre 1789 ; morte à Vers, le 9 novembre 1860, âgée de soixante-dix ans.

— *Épousa*, à Vers, le 15 janvier 1811, ANTOINE-BENJAMIN LECLERCQ, né à Vers en 1787.

8e FLORENTINE DE MOYENCOURT, née à Bovelles, le... octobre 1793, qui obtint, le 28 avril 1812, un jugement du tribunal civil d'Amiens pour rétablir son acte de naissance qui avait été oublié sur les registres de Bovelles. Ledit jugement porte : *Florentine de Moyencourt, fille de Benjamin* DE MOYENCOURT, etc. Aujourd'hui veuve et vivante à Vers.

— *Épousa*, à Vers, le 2 mars 1813, JEAN-ÉVANGÉLISTE LECLERCQ, frère du précédent, né en 1792.

Ces quatre sœurs de Moyencourt eurent toutes des enfants qui sont aujourd'hui vivants, mais l'espace nous manque pour les rapporter tous ici.

XIXe *degré :* 1808. BENJAMIN DE MOYENCOURT, né à Bovelles, le 27 mai 1786, et baptisé le lendemain ; son parrain a été Léonard Jourdain, et sa marraine Marie-Madeleine Quatorze, qui ont signé aux registres avec Laurent, curé de Bovelles. Il vint s'établir à Vers, pays de ses ancêtres, et y mourut le 4 mars 1856, âgé de soixante-neuf ans.

= FEMME : Marié, à Vers, le 13 janvier 1817, à GEN

vIÈVE DROBECQ, née à Bacouel (Somme), le 16 septembre 1791, veuve et vivante à Vers.

Fille de Pierre Drobecq, propriétaire, et de Marie-Catherine-Victoire Caron, tous deux décédés.

— *Enfants* : 1ᵉʳ JEAN-BAPTISTE II, qui suivra.

2ᵉ *Auguste*-BENJAMIN DE MOYENCOURT, dont l'article suivra après celui de son frère.

3ᵉ GENEVIÈVE DE MOYENCOURT, née à Vers, le 26 mars 1820, veuve et vivante à Vers, où elle habite une partie de l'ancien domaine de Lentilly, provenant de ses ancêtres.

— *Épousa*, à Vers, le 5 juillet 1842, VICTORICE-DÉSIRÉ DAULT, né au même lieu, le 17 juillet 1814, et y mourut le 22 août 1854, âgé de quarante ans un mois et cinq jours.

— De cette alliance vinrent deux enfants : 1ᵉʳ *Anatole*-DÉSIRÉ DAULT, né à Vers, le 6 septembre 1843, clerc d'avoué à Amiens.

2ᵉ *Marie*-ROSALIE DAULT, née à Vers, le 1ᵉʳ juillet 1847, où elle demeure avec sa mère.

XXᵉ *degré* : 1856. JEAN-BAPTISTE II DE MOYENCOURT, né à Vers, le 28 octobre 1817, propriétaire, chef actuel de sa branche; membre du conseil municipal de la commune de Vers-Hébecourt, où il demeure.

= FEMME : Marié, à Vers, le 6 juin 1848, à CATHERINE-JOSÉPHINE MANTEL, née audit lieu, le 29 juillet 1824.

Fille d'Isidore Mantel, propriétaire, décédé à Vers, le 5 août 1844, et de Joséphine Duparcq, décédée au même lieu, le 19 février 1856.

— *Enfants* : 1ᵉʳ LÉOCADIE DE MOYENCOURT, née à Vers, où elle mourut, le 16 octobre 1851.

2ᵉ AURÉLIE-THÉODOSIE DE MOYENCOURT, née à Vers, où elle mourut le 4 avril 1861.

XXᵉ *degré* (*bis*) : 1856. *Auguste*-BENJAMIN DE MOYENCOURT, né à Vers, le 18 février 1824, syndic des huissiers de l'arrondissement d'Amiens.

= FEMME : Marié à Bacouel, le 24 avril 1850, à ROSE-THÉRÈSE DROBECQ, née à Bacouel, le 19 mars 1833, morte au même lieu, le 22 mai 1853, âgée de vingt ans et deux mois.

Fille de Jean-Baptiste Drobecq, propriétaire et ancien maire de Bacouel, et de Thérèse-Eugénie Mongrenier, décédée audit Bacouel, le 14 juillet 1864.

XXIe *degré* : JULIEN DE MOYENCOURT, fils unique du précédent, né à Bacouel, le 5 octobre 1851. Il fait le XXIe degré de filiation depuis Adam de Moyencourt, tige de cette famille, chevalier, seigneur dudit lieu, qui vivait en 1175.

Ce jeune homme, appelé à continuer la postérité de sa branche, mourut à Amiens, le 7 février 1851, âgé de neuf ans et huit mois. Il emporta dans la tombe d'unanimes regrets de toute sa famille.

En terminant la notice généalogique de cette maison, nous dirons que MM. de Moyencourt et autres parents, leurs alliés, ont fait ériger une croix, qui est placée sur la route entre Saleux et Vers-Hébecourt, à peu près sur le même emplacement où jadis Jean de Moyencourt, seigneur de Lentilly, avait fait élever une croix vers 1715, où il faillit périr par accident avec sa femme. La nouvelle croix, qui est en fer doré, a coûté 800 francs, et porte, sur une tablette de marbre, cette inscription en lettres capitales dorées : CROIX DE LA FAMILLE DE MOYENCOURT, RELEVÉE EN 1860.

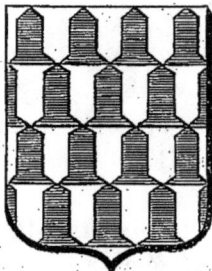

Armes de la famille de Saint-Romain, page 31.

Tableau chronologique de la filiation
de M. Auguste de Moyencourt

1er *Degré :* 1175. ADAM, tige de cette famille, chevalier, seigneur de Moyencourt.

2　—　1218. FIRMIN, fils aîné, chevalier, seigneur de Moyencourt.

3　—　1254. GAUTIER, fils aîné, chevalier, seigneur de Moyencourt.

4　—　1286. RAOUL, fils aîné, chevalier, seigneur de Moyencourt.

5　—　1339. VINCENT, 2e fils, écuyer, seigneur de Moyencourt.

6　—　1360. ROBERT Ier, fils aîné, chevalier, seigneur de Moyencourt.

7　—　1402. PIERRE Ier, 2e fils, chevalier, seigneur de Moyencourt.

8　—　1443. JEAN Ier, fils aîné, chevalier, seigneur de Moyencourt.

9　—　1497. ROBERT II, fils aîné, chevalier, seigneur de Moyencourt.

10　—　1504. JEAN II, 2e fils, écuyer, seigneur de Moyencourt en partie.

11　—　1562. HECTOR, fils unique, écuyer, seigneur de Moyencourt en partie.

12　—　1574. PIERRE II DE MOYENCOURT, fils aîné, écuyer.

13　—　1612. NOEL DE MOYENCOURT, fils aîné.

14　—　1646. FRANÇOIS Ier DE MOYENCOURT, fils aîné.

15　—　1670. FRANÇOIS II DE MOYENCOURT, fils aîné.

16　—　1711. JEAN III DE MOYENCOURT, 2e fils, seigneur de Lentilly.

17　—　1738. JEAN-BAPTISTE Ier DE MOYENCOURT, 3e fils, sieur de Lentilly.

18　—　1751. JEAN-LOUIS DE MOYENCOURT, 2e fils, sieur de Lentilly.

19　—　1808. BENJAMIN DE MOYENCOURT, 3e fils.

20　—　1856. JEAN-BAPTISTE II DE MOYENCOURT, fils aîné, né à Vers-Hébecourt (Somme), le 28 octobre 1817, chef actuel de sa branche.

20　bis.　1856. AUGUSTE-BENJAMIN DE MOYENCOURT, frère, né à Vers-Hébecourt, le 18 février 1824, syndic des huissiers de l'arrondissement d'Amiens.

PREUVES ET INVENTAIRE

DES TITRES ET PAPIERS

DE LA

FAMILLE DE MOYENCOURT

SAVOIR :

Côté.

N° 1. 1217. — TESTAMENT D'ADAM, chevalier, seigneur de MOYENCOURT, fait en faveur de Hermelinde de Montenoy, sa femme, de Firmin et Robert ses deux fils (*titre en parchemin*).

N° 2. 1227, 27 août. — TESTAMENT DE FIRMIN, chevalier, seigneur de MOYENCOURT, et de Ermangarde, sa femme, dame de Courcelles, fait en faveur de leurs cinq enfants nommés : Gautier, Jean, Guy, Ermangarde et Mathilde de MOYENCOURT (*en parchemin*).

N° 3. 1254. — ACTE DE FOI ET HOMMAGE, rendu par monseigneur Gautier, chevalier, seigneur de MOYENCOURT et de COURCELLES, à haut et puissant seigneur monseigneur Hugues Tyrel, chevalier, sire de Poix, vicomte d'Esquenes, etc. (*en parchemin*).

N° 4. 1249. Novembre. — CONTRAT DE MARIAGE DE MONSEIGNEUR GAUTIER DE MOYENCOURT, chevalier, et damoiselle Alix de Morvillers, fille de Raoult, chevalier, sire de Morvillers, etc. (*en parchemin*).

N° 5. 1281. — TESTAMENT de noble Alix, dame de MOYENCOURT, fait en faveur de monseigneur Gaultier de MOYENCOURT, chevalier, sire dudit lieu, son mari, dans lequel testament sont cités : Rahoult, Firmin, Blanche et Alix de MOYENCOURT, ses enfants (*en parchemin*).

N° 6. 1286. — ACTE DE FOI ET HOMMAGE rendu par très-noble seigneur, monseigneur Rahoult de MOYENCOURT, chevalier, sire dudit lieu, à monseigneur Guillaume Tyrel, chevalier, sire de Poix, etc. (*en parchemin*).

N° 7. 1323. Juin. — TESTAMENT de noble dame Marguerite de Buissy (Bucy), femme de monseigneur Rahoult de MOYENCOURT, chevalier, sire de Moyencourt ; par lequel elle nomme ses héritiers : Firmin, Vincent, Guillaume, Marie et Marguerite de MOYENCOURT, ses cinq enfants (*en parchemin*).

N° 8. 1355. — TESTAMENT de monseigneur Vincent de MOYEN-COURT, chevalier, sire dudit lieu ; par lequel il partage ses trois enfants nommés : Robert, Hugues et Jean de MOYENCOURT ; fait un legs à Jeanne de Villers, sa femme ; et veut être enterré au tombeau de ses pères, en l'é-glise de Moyencourt, auprès de madame Blanche de Brocourt, sa première femme (*copie sur parchemin*).

N° 9. 1360, juin. — AVEU ET DÉNOMBREMENT de la terre et fief de Moyencourt donné par monseigneur Robert de MOYENCOURT, chevalier, sire dudit lieu ; rendu à mon seigneur Jehan Tyrel, chevalier, sire et châtelain de Poix, etc. (*en parchemin*).

N° 10. 1367, 28 avril. — CONTRAT DE MARIAGE de monseigneur Robert de MOYENCOURT, chevalier, sire dudit lieu, fils aîné de feu monseigneur Vincent, vivant, chevalier, sire de Moyencourt, et de feue madame Blanche de Brocourt, avec noble damoiselle Clémence d'Orival, de Poix, etc. (*en parchemin*).

N° 11 1396, 21 août. — TESTAMENT de monseigneur Robert de MOYENCOURT, chevalier, et de noble dame Clémence d'Orival, sa femme ; seigneur et dame de Moyencourt, fait en faveur de Pierre de MOYENCOURT, leur deuxième fils, attendu le décès de Robert, leur aîné, tué à la guerre. Dans lequel testament sont cités Guillaume, Isabelle, Clémence et Blanche de MOYENCOURT, leurs autres enfants (*en parchemin*).

N° 12. 1402. — PARTAGE des biens de feu seigneur Robert de MOYENCOURT, chevalier, sire dudit, pair du château de Poix, fait entre Pierre, Guillaume, Isabelle,

Côté.

Clémence et Blanche de MOYENCOURT, ses enfants (*en parchemin*).

N° 13. 1402, le 12 mai. — AVEU ET DÉNOMBREMENT rendu par monseigneur Pierre de MOYENCOURT, chevalier, sire dudit lieu, pair du château de la châtellenie de Poix, rendu à très-haut et très-illustre prince monseigneur Jehan, dit Guillaume Tyrel, chevalier, sire et prince de Poix, etc., pour la terre, fief et château dudit Moyencourt, mouvant et relevant en plein fief et hommage dudit monseigneur prince de Poix (*en parchemin*).

N° 14. 1416, le 16 juillet. — CONTRAT DE MARIAGE de monseigneur Pierre de MOYENCOURT, chevalier, sire dudit lieu, capitaine de cent lances, au service du roi nostre sire ; et de damoiselle Marie de Mellincourt, dame dudit lieu et la dernière de son nom ; avec obligation audit monseigneur Pierre de MOYENCOURT de prendre et ajouter aux siennes les armes de la noble famille de Mellincourt, etc. (*en parchemin*).

N° 15. 1443, le 21 mai. — TESTAMENT de hault et puissant seigneur monseigneur Pierre de MOYENCOURT, chevalier, sire dudit lieu, ancien capitaine ; par lequel il partage ses quatre enfants nommés : Jean, Charles, Marie et Clémence de MOYENCOURT ; donne une chambre meublée avec des rentes à madame Marie de Mellincourt, sa femme ; fait des legs à ses enfants et institue pour son héritier dans la terre, fief et château de Moyencourt, son aîné Jean, écuyer, alors âgé de vingt-cinq ans. Ce testament de Pierre est du 21 mai 1443, et ledit testateur mourut le surlendemain (*en parchemin*).

N° 16. 1447, le 28 février. — CONTRAT DE MARIAGE de hault et très-puissant seigneur Jehan de MOYENCOURT, chevalier, seigneur dudit lieu, avec noble damoiselle Jacqueline de Saisseval, etc. ; passé à Amiens (*copie sur papier*).

N° 17. 1497, le 16 février. — TESTAMENT de hault et très-puissant seigneur Jehan de MOYENCOURT, chevalier,

Côté.

seigneur dudit lieu ; par lequel il donne la terre, fief
et château, domaine et dépendances de Moyencourt,
à Robert et à Hector, ses deux fils aînés, comme étant
nés jumeaux ; pour être possédée, ladite terre, etc., en
commun pour eux et leur postérité. Ledit testateur
donne ensuite une maison et des rentes sises à Amiens,
à Antoinette de MOYENCOURT, sa fille aînée ; et donne
des rentes et deux fiefs à Jacqueline de MOYENCOURT,
sa cadette ; et veut que Raoul de Longueval, écuyer,
mari de cette dernière, quitte le service du roi. Et le
dit testateur ordonne sa sépulture en l'église de
Moyencourt qu'il avait rétablie (*en parchemin*).

N° 18. 1497, le 12 juin. — AVEU ET DÉNOMBREMENT de la terre-
fief et seigneurie de Moyencourt, et acte de foi et
hommage donné par hault et puissant seigneur Robert de MOYENCOURT, écuyer, chevalier, seigneur dudit Moyencourt, et Mʳᵉ Hector de MOYENCOURT, écuyer
seigneur dudit Moyencourt, en partie, son frère ; rendu
à monseigneur Jean de Soissons, chevalier, prince de
Poix, sire de Moreuil et grand bailly de Vermandois,
etc. (*en parchemin*).

N° 19. 1480, le 23 février. — CONTRAT DE MARIAGE de messire
Robert de MOYENCOURT, écuyer, fils aîné de monseigneur Jean de MOYENCOURT, chevalier, seigneur dudit,
et de noble dame madame Jacqueline de Saisseval, sa
femme ; et de damoiselle Antoinette de Saint-Romain,
fille de messire Charles de Saint-Romain, chevalier,
seigneur, en partie, dudit lieu, de Wadincourt, Ble-
tricourt et Sally, capitaine de cavalerie, gouverneur
du comté de Clermont, et de noble dame madame Mathilde de Lengletier. Ledit contrat passé à Amiens, en
présence de messire Hector de MOYENCOURT, écuyer,
seigneur dudit lieu, frère dudit futur, etc, (*en parchemin*).

N° 20. 1503, le 3 avril. — TESTAMENT de haut et puissant seigneur Robert de MOYENCOURT, chevalier, seigneur dudit Moyencourt, en partie ; par lequel ledit testateur
parlage ses quatre enfants nommés : Charles, Jean,
Mathilde et Jacqueline de MOYENCOURT ; fait Charles,

Côté.

son aîné, son héritier; et veut qu'après sa mort, ledit héritier soit placé sous la tutelle de son frère Hector de MOYENCOURT. Il fait ensuite des legs à ses autres trois enfants et ordonne sa sépulture en l'église de Moyencourt, au tombeau de ses ancêtres (*en parchemin*).

N° 21. 1512, le 20 décembre. — ACCORD, passé à Poix, entre messire Hector de MOYENCOURT, écuyer; Charles et Jean de MOYENCOURT, ses neveux; tous trois seigneurs de Moyencourt, pour chacun un tiers; fait en présence de monseigneur Jean de Créquy et de madame Jossine de Soissons, sa femme, seigneur et dame de la principauté de Poix, et suzerains de la terre et seigneurerie de Moyencourt, etc. (*copie sur papier timbré*).

N° 22. 1520, le 24 octobre. — TESTAMENT de haut et puissant seigneur Hector de MOYENCOURT, chevalier, seigneur dudit lieu, par lequel il donne et lègue à Jean de MOYENCOURT, son neveu, tout ce qu'il possède dans la terre et seigneurerie de Moyencourt, telle qu'elle lui fut donnée par le testament de feu Jean de MOYENCOURT, son père, en date du 16 février 1497 (*en parchemin*).

N° 23. 1525, le 4 mai. — AVEU ET DÉNOMBREMENT de la terre de Moyencourt, rendu par messires Charles et Jean de MOYENCOURT, frères, écuyers, seigneurs de Moyencourt, pour chacun leur moitié, comme mouvant et relevant en plein fief et en plein hommage du château de Poix, rendu à monseigneur Jean de Créquy, chevalier, sire dudit lieu, et à haute et puissante dame madame Jossine de Soissons-Moreuil, sa femme, seigneur et dame de la principauté de Poix, etc. (*en papier*).

N° 24. 1551, le 26 juin. — TRANSACTION passée au château de Moyencourt, devant maître F. Debourg, notaire à Poix, entre messires Jean, dit Hector de MOYENCOURT, écuyer, seigneur dudit lieu, assisté de Hector de MOYENCOURT, écuyer, capitaine d'infanterie, son

Côté.

fils, d'une part; et messire Charles de MOYENCOURT, chevalier, seigneur dudit lieu, en partie, de Wadencourt, Arquesves et Lenglentier; assisté de Charles du Chastelet, écuyer, seigneur dudit lieu, etc.; et dame Antoinette de MOYENCOURT, sa femme, fille dudit Charles de MOYENCOURT, d'autre part; afin de régler chacun leurs droits dans la seigneurie de Moyencourt, laquelle était possédée en commun entre eux (*en papier*).

Nº 25. 1554, le 18 août. — AVEU ET DÉNOMBREMENT rendu par Mᵈ Jean de MOYENCOURT, écuyer, seigneur dudit lieu, pair de la châtellenie de Poix, donné au bailly de ladite châtellenie, dans lequel il est dit que Jean de MOYENCOURT tient ladite terre de Moyencourt à plein hommage, en plein relief, etc. (*sur papier*).

Nº 26. 1556. — TRANSACTION passée à Poix, entre Jacques Trudaine, seigneur de Saint-Romain, Marguerite du Chastelet, sa femme, Antoinette de MOYENCOURT, Jean dit Hector de MOYENCOURT, et Hector, son fils, écuyers, seigneurs en partie de Moyencourt, et Mᵈ Charles de MOYENCOURT, chevalier, seigneur aussi en partie dudit Moyencourt (*copie sur papier*).

Nº 27. 1557. — ACCORD passé à Poix, entre Mᵈ Charles de MOYENCOURT, écuyer, gentilhomme ordinaire de la maison du roi, seigneur de Moyencourt,... et Mᵈ Jean de MOYENCOURT, écuyer, seigneur de Moyencourt et de Vadencourt avec ledit Charles, son frère, demeurant tous deux à l'hostel seigneurial dudit Moyencourt (*copie sur papier*).

Nº 28. 1560, en août. — TRANSACTION passée à Amiens, entre noble et puissant seigneur Charles de MOYENCOURT, écuyer, baron et seigneur de Moyencourt et autres lieux, assisté de noble et puissante damoiselle Adrienne de Warluzel, son épouse; damoiselle Antoinette de Moyencourt, leur fille; de Mᵈ Claude du Chastelet, écuyer, seigneur dudit lieu, etc., d'une part, et noble et puissant seigneur Jean dit Hector de MOYENCOURT, écuyer, seigneur dudit Moyencourt, frère audit Char-

Côté.

les, baron de MOYENCOURT, assisté de noble et puissante damoiselle Philippine (*alias*), Philippe d'Aumalle, sa femme; de Hector de MOYENCOURT, chevalier, capitaine valétudinaire, leur fils, etc., etc. (*copie sur papier*).

N° 29. 1562, le 13 février. — TESTAMENT de noble et puissant seigneur Jean de MOYENCOURT, écuyer, seigneur de Moyencourt et autres lieux; par lequel il donne la rente dite de Moyencourt, tant en grains que cidre, à dame Philippine d'Aumalle, sa femme, avec une maison, sise à Amiens, appelée l'hostel de Moyencourt, et une rente de 50 fr. par an. Le tout pour en jouir après la mort dudit testateur. Il donne ensuite une rente à l'église de Saint-Martin de Moyencourt, pour entretenir le luminaire de la chapelle de la Sainte-Vierge où sont enterrés ses ancêtres, et y veult aussi y être enterré après son trépas, etc. Il fait ensuite son légataire universel qu'il nomme Hector de Moyencourt, son fils unique, etc. Fait au chastel de Moyencourt, le 13 février 1562, et signé : Jean de MOYENCOURT.

Au dos dudit testament, il est dit que Jean de Moyencourt s'est marié trois fois : 1° par contrat du 12 mars 1512, à damoiselle Firmine de Sarcus, morte en mai 1514; 2° par contrat du 3 janvier 1515, à damoiselle Isabelle d'Aboval, qui périt par accident en avril 1517, et 3° par contrat du 28 décembre 1517, à damoiselle Philippine d'Aumalle, qui mourut le 24 octobre 1573, et mère d'un fils nommé : Hector de Moyencourt, dit *le Grand Chevalier de Moyencourt* (*original en parchemin*).

N° 30. 1562, en septembre. — ACCORD passé au château de Moyencourt, en septembre 1562, entre noble et puissant seigneur Hector de MOYENCOURT, chevalier, seigneur de Moyencourt, Wademont et autres lieux, assisté de noble damoiselle Philippine d'Aumalle, sa mère, veuve de feu haut et puissant seigneur Jean dit Hector de MOYENCOURT, écuyer, seigneur dudit lieu ; de Adrien de MOYENCOURT, écuyer, seigneur

d'Orival, etc., etc., d'une part, et noble et puissant seigneur Charles de MOYENCOURT, chevalier, baron dudit
lieu, etc., assisté de damoiselle Antoinette de MOYEN-
COURT, sa fille, etc., etc. (*copie sur papier*).

N° 31. 1564 et 1567. — DEUX TRANSACTIONS, passées l'une en
octobre 1564 et l'autre le 17 octobre 1567, entre Charles
de MOYENCOURT, écuyer, seigneur dudit lieu, d'Arquesves, de Langletier et de Wadencourt, demeurant à
l'hostel seigneurial dudit Moyencourt, d'une part, et
Philippine d'Aumalle, veuve de feu Jean, dit Hector
de Moyencourt, en son vivant écuyer, seigneur de
Moyencourt et Wadencourt, aussi demeurant audit
hostel d'autre part, par lesquelles transactions ladite
dame, agissant pour Hector de MOYENCOURT, son fils
alors aux armées, et par suite de la mort de Jean, dit
Hector de MOYENCOURT, décédé le 17 juillet 1562, et
père dudit Hector, etc. (*copie sur papier*).

N° 32. 1569. — ACTE ET ARRANGEMENT pour la rente dite de
Moyencourt, passé en l'hostel de Moyencourt, entre
noble Charles de MOYENCOURT, écuyer, seigneur dudit
lieu, d'Arquèves, de Langletier et de Wadencourt;
damoiselle Antoinette de MOYENCOURT, sa fille, et noble
Hector de MOYENCOURT, écuyer, seigneur aussi dudit
Moyencourt et de Wadencourt, assisté de damoiselle
Philippine d'Aumalle, sa mère (*sur parchemin*).

N° 33. 1574, le 23 mars. — TESTAMENT de noble Hector de
MOYENCOURT, chevalier, seigneur dudit lieu, des fiefs
de Tanfol et Termont, par lequel il donne une maison, sise à Clairy, à dame Loyse d'Yppre, sa femme;
donne à Jean et à Marie de MOYENCOURT, ses enfants,
divers biens situés à Clairy, à Poix, à Croixrault et à
Moyencourt, et fait son héritier Pierre de MOYENCOURT,
son fils aîné (*en parchemin*).

N° 34. 1576, le 28 août. — ACCORD EN FORME DE TRANSACTION
passé au château de Moyencourt, entre noble Charles de MOYENCOURT, écuyer, seigneur dudit lieu,
Antoinette de MOYENCOURT, sa fille, Claude du Chastelet, écuyer, son mari, et Claude du Chastelet, leur fils,

Côté.

d'une part, et noble Pierre de MOYENCOURT, écuyer, seigneur dudit lieu en partie, Jean et Marie de MOYENCOURT, ses frère et sœur, tous trois enfants de feu noble Hector de MOYENCOURT, vivant, écuyer, seigneur de Moyencourt, etc., etc., et de Suzanne de Clairy et de Loyse d'Ippre, leurs père et mère, et assistés de cette dernière, à l'effet de traiter du mariage dudit Pierre de MOYENCOURT avec damoiselle Thérèse de Froisy, fille de noble homme Noël de Froisy, écuyer, lieutetenant et bailliy de la justice de Pissy, et de feue noble damoiselle Catherine de Tuisnil (*copie sur papier timbré*).

Nº 35. 1577, le 9 mars. — TESTAMENT DE CHARLES DE MOYENCOURT, etc. Fut présent noble seigneur Charles de MOYENCOURT, escuyer, seigneur dudit lieu, Arquesves, Lenglentier et Wadencourt, de présent estant en l'hostel seigneurial dudit Moyencourt, au lict gisant par infirmité de malladye; sain de mémoire et entendement, si comme il est appareust aux notaire royal et témoins cy-après nommés et signés. Considérant la certitude de la mort et l'incertitude du moment d'icelle; ne voulant mourir *intestat*, mais comme vray et fidelle chrestien et apostolique, a faict son testament dernier et ordonnancé pour ultime volonté, le nomme et dicte en remectant tout ainsy qu'il a fait cy-devant et promet ce jourd'huy en la forme et manière et comme il s'ensuit. Premièrement, a recommandé et donné son âme et esprit à nostre Père Créateur et à toutte la courte céleste deu paradis. Prye, veult et ordonne après l'âme séparée de son corps, son dit corps estre mis et inhumé au chœur de l'Église de Dieu et monsieur saint Martin, patron dudit Moyencourt, à laquelle église il a légatté une robbe de vellour noir à l'usage dudit seigneur; et que pour la rédemption de son âme soyent offerts, chantés et cellebrés trois messes solempnelles, vigilles et commandemens en ladite église, avec les luminaires et sellon que de lestot dudit seigneur testateur appartient, soy attendant pour ce regard à la discrétion

des exécuteurs cy-après nommés. Et quant aux
biens temporels que Dieu lui a donnés et prestés en ce
monde mortel, soyent biens meubles, immeubles, acquests, debtes et créances avec ses héritages venans
de ses prédécesseurs; en quoy et comment que lesdicts héritages se puissent consister, tant esdictes
terres et seigneuries de Moyencourt, Wadencourt,
Arquesves, Lengletier, rentes constituées que autrement, il les a donnés et légattés, donne et légatte à
Claude du Chastelet, escuyer, seigneur dudit lieu, fils
de feu Charles du Chastelet et de damoiselle Anthoinette de MOYENCOURT, fille aisnée et seule héritière
dudit seigneur testateur, à la charge que laditte damoiselle Anthoinette joyra desdicts biens, héritages,
terres et seigneuries, sa vye durant : et sur iceulx
en prenderont et paieront les debtes, obsecques et
funérailles dudit seigneur testateur avec les deniers
par lui portés à ce présent testament. Encores à la
charge que advenant le cas que ledit Claude du Chastellet, petit-fils dudit seigneur testateur décédast sans
enfans ou enffants procreez de sa chair en léal mariage ; que les héritages, terres et seigneuries par lui
donnés et légattés audit seigneur du Chastellet seront
et retourneront aux seigneurs de Ramey, nepveus
dudit seigneur testateur, pour leur estre héritages, tenans le cotté et ligne dudit seigneur
testateur : sans que lesdicts héritages, terres et seigneuries retournent à d'aultres plus approchans
héritiers dudit seigneur du Chastellet, au cas qu'il y
en eust lorsqu'il pourroit décedder sans enffans pro-
créez de sa chair en léal mariage, comme dict est.
Desquels héritages, terres et seigneuries ce dit Claude
du Chastellet pourra néantmoings user comme de son
propre et y faire copper et abbastre les bois néces-
saires pour l'entretenement des édiffices et maisons,
lieulx, moulins, pressoirs et aultres édiffices d'icelle
seigneurie. Ledit seigneur testateur donne et légatte
pour Dieu et aulmosnes à damoiselle Helainne de
MOYENCOURT, religieuse, et à une pauvre fille nommée
Mignonne, que ledit seigneur a nourry depuis vingt

Côté.

et un ans, habandonnée de père et mère, estant trouvée à l'âge de quinze jours ou trois sepmaines audit
Moyencourt. Et affin que lesdistes Helainne et Mignonne puissent plus honnestement vivre leur vye
durant, et pour les agréables services qu'elles luy ont
faict, tout le revenu entier de ladicte terre et seigneurie de Lenglentier, en quoy qu'il s'en puist consister
et estendre, sans rien réserver, avec la moitié du ré-
venu des bois de Menneviller que ledit seigneur testateur a pour et par an et toute charmille audit seigneur testateur appartenant, pour en joyr et user par
elles et vivre ensemblement leur vye durant seulle-
ment, sans quelles soyent tenues en aucunes répara-
tions et entretenement des édiffices, molin et pressoir
de ladicte terre de Lengletier, qui demeurent en la
charge de ladicte damoiselle Anthoinette, comme
après elle en celle dudict seigneur du Chastellet, propriétaire, lequel du Chastellet sera tenu de faire faire
payer par le fermier de Menneviller les aports du revenu ausdictes Helainne et Mignonne. Sy a encores
donné ledit seigneur et légatté ausdites Hellainne et
Mignonne deux vaches et trois pourcheaulx à prendre
en ceulx que délaissera ledit seigneur après son trespas, à leur chois. Lesdicts dons faicts par ledit seigneur testateur à condition qu'elles ne demanderont
aucune choses des diverses rentes que ledit seigneur
leur peult debvoir par quelque moyen que ce soyt, et
de constituer l'hypothèque du revenu que ladicte Mignonne a apporté. Et dans le cas où la demoiselle
Helainne décédant auparavant icelle Mignonne, elle
prendroit dans la part de la demoiselle Antoinette,
dans le revenu de Lengletier et des parties de Men-
nevillier.

Et sy ladicte damoiselle Anthoinette ne faisoit debvoir de nourrir et entretenir ladicte Mignonne bien et
deuement avec ledit revenu, avec faculté de prendre
sur le revenu de Moyencourt par chacun an, pour la
nourriture, entretien et tous besoins d'icelle, seulement de touttes les nourritures et entretenement qu'il
luy a pleu dire et qu'il luy a donné et aussy il luy a

donné, donne et·lègue toutes les choses tenans au
corps dudit testateur; et ce sans aucunes plaintes.
Ains le plus raisonnablement que pourray estre ves-
tue, et des vestemens de nopces à chacune d'icelles,
que l'un ny l'autre des espoux les puissent desfavori-
ser et verra ou de passer compte des choses prises
avec leur estimation.

Ladicte damoiselle Anthoinette, fille dudit seigneur
testateur sera seulle héritière dudit seigneur testateur, laquelle institue de ses mains pour en joyr de
par ledit seigneur de tous les biens, meubles et immeubles, acquests, que des autres biens de son père
du temps passé.

Et pour ce elle a donné et donne pouvoir de ce
faire, contracter, diriger, soubs l'obligation de tous
les biens, terres et héritages et ceulx de ses hoirs pré-
sens et advenir, Et promect ce présent testament exé-
cuter en ce qui la touche.

Icelluy seigneur testateur faist mestre et establit
pour exécuteurs : Simon du Tilleul, lieutenant audit
Moyencourt, et Nicollas de la Rivière, laboureur, demeurant audict Moyencourt, auxquels il a donné puis-
sance de prendre de ses biens pour l'accomplissement
de ses légats pieux et sollennels. Item a vollu et en-
tendu, veult et entend ledit seigneur testateur que le
seigneur de Chastellet, son petit-fils, joysse et pos-
sesse incontinens après son trespas de la donnation
qu'il luy a faicte cy-dessus des terres et seigneuries
de Wadencourt (ou Wademont), et acquisitions y ap-
partenantes, sans que ladicte damoiselle, sa mère, la
puist empescher en usufruit; ce que ladicte damoi-
moiselle Anthoinette a accordé et accepté soy con-
tenter du surplus desdictes terres et seigneuries et
aultres choses dessus dictes, lesquelles sont son usufruit. Leut et testé audict seigneur testateur seigneur
de Moyencourt, par ledit Joachin de Hodencq, notaire royal, lequel a leut et relut ledit testament audict seigneur testateur, en la présence de discrette
personne, maistre Nicolle le Moisne, prebstre curé
audict Moyencourt, et sire Jacques du Tillette Coppe,

Côté.

prebstre vicaire dudit Moyencourt, et a ledit seigneur
testateur signé ces présentes avec ladicte damoiselle
Anthoinette, et moy notaire royal et tesmoings, suivant l'ordre accoustumé, le nœufvième jour de mars,
l'an mil cinq cens soixante-dix-sept.

> Signés : DE MOYENCOURT, Anthoinette de MOIEN-
> COURT, LEMOISGNE, COUPPE, et DE HO-
> DENCQ, notaire royal.

> (*Original en papier*, aux archives du château
> de Luzières.)

N° 36. 1611, le 26 juillet. — TESTAMENT de noble homme
Pierre de MOYENCOURT, écuyer, ancien receveur, par
lequel il ordonne vouloir être enterré dans l'église
de Moyencourt, auprès de son père Hector, dont il
avait fait réparer les tombeaux et épitaphes de ses
ancêtres, et partage ensuite ses deux enfants, Noël et
Hector de MOYENCOURT (*copie sur papier timbré*).

N° 37. 1610, le 12 mai. — CONTRAT DE MARIAGE de noble Noël
de MOYENCOURT, fils aîné de noble Pierre de MOYEN-
COURT, écuyer, et de dame Thérèse de Froisy, sa
femme, et damoiselle Toussaine de Mailly, fille de
noble homme Pierre de Mailly, écuyer, seigneur du
Grand-Pré, etc. (*copie sur papier timbré*).

N° 38. 1645, le 3 octobre. — TESTAMENT de noble Noël de
MOYENCOURT, ancien receveur : par lequel il donne
une maison, sise à Clairy, à noble dame Toussaine de
Mailly, sa femme; et partage ensuite ses cinq enfants
nommés : François, Jacques, Noëlle, Antoinette et
Françoise de MOYENCOURT.

N° 39. 1638, le 25 juin. — CONTRAT de mariage de noble
François de MOYENCOURT, fils de noble homme Noël
de Moyencourt, et de noble dame Toussaine de Mailly;
— avec demoiselle Pasquette Maille, de la paroisse de
Clairy (*copie sur papier timbré*).

N° 40. 1661. — ARRÊT de la Chambre souveraine des Francs-
Fiefs, rendu en faveur de François de MOYENCOURT et

ses enfants. (*Pièce sur parchemin de 8 feuilles in-4°, où est rapportée la généalogie et les armoiries de la famille de Moyencourt.*)

N° **41.** 1666, en juillet. — PROCÈS-VERBAL de la visite faite en l'église de Saint-Jean-Baptiste (*alias*) Saint-Martin de Moyencourt, près Poix ; et copie des épitaphes et blason des armes de la famille de Moyencourt ; fait par M. le lieutenant particulier civil et criminel du bailliage et siége présidial d'Amiens ; assisté de M. le procureur du roi audit présidial, et d'un commis greffier, sur l'ordre de Mgr de Colbert, intendant de police et finance de la généralité d'Amiens : sur la demande et requête de noble François de MOYENCOURT, vivant de son bien, et demeurant en la paroisse de Clairy, de ladite généralité d'Amiens ; duquel procès-verbal il résulte que le seigneur de MOYENCOURT, nommé François du Chastelet, voulut faire enlever les dites épitaphes et blasons, pour faire place aux épitaphes de Claude II, de Claude Ier, et de François du Chastelet, son père, son aïeul et son bisaïeul, décédés seigneurs de MOYENCOURT, nonobstant la défense qui a été faite par ledit procureur du roi, etc ; etc.

Voici l'épitaphe qui se trouve dans la chapelle de la Sainte-Vierge, en la dite église, rapportée sur une pierre de marbre noir, surmontée des blason et alliances de la famille de MOYENCOURT, et sur cette pierre est gravé ce qui suit :

.D.   .O.   .M.

« A la mémoire de nobles seigneurs de MOYENCOURT, « Messires : Adam, chevalier, seigneur de MOYEN-« COURT, mort en 1218; père de Firmin, mort en 1254; « père de Gaultier, mort en 1286; père de Raoul, « mort en 1339; père de Vincent, mort en 1360; père « de Robert Ier mort en 1402; père de Pierre, mort en « 1443; père de Jean Ier, mort en 1497, père de Robert II, mort en 1504; père de Jean II dit Hector de « MOYENCOURT, chevalier, seigneur dudit lieu, qui trépassa le 17 juillet 1562, et de noble dame Philip-« pine d'Aumalle, sa femme, qui trépassa le 24 octobre

Côté.

« 1573. père et mère de Hector de MOYENCOURT, che-
« valier, seigneur dudit lieu, qui mourut le 14 octobre
« 1574; et aussi noble dame Suzanne de Clairy, sa
« femme, qui mourut le 20 novembre 1550; ces deux
« derniers morts père et mère de Pierre de MOYENCOURT
« qui fit ériger ce monument, avec Noël, son fils aîné,
« l'an du Seigneur 1598. »

Et dans le chœur de ladite église, on y voit une
pierre de marbre blanc sur laquelle est écrite :

« Dans cette église gît le corps de très-haut et puis-
« sant seigneur messire Jean dit Hector de MOYENCOURT,
« en son vivant écuyer, seigneur de ce lieu, qui tré-
« passa le 17 juillet 1562, et aussi Robert de MOYEN-
« COURT, son père; Jean de MOYENCOURT, son aïeul;
« Pierre de MOYENCOURT, son bisaïeul; Robert de MOYEN-
« COURT, son trisaïeul; Vincent de MOYENCOURT, son
« quartaïeul; Raoul de MOYENCOURT, son 5e aïeul;
« Gaultier de MOYENCOURT, son 6e aïeul; Firmin de
« MOYENCOURT, son 7e aïeul; et Adam de MOYENCOURT,
« son 8e aïeul. Tous seigneurs dudit Moyencourt, et
« bienfaiteurs de l'église de céans. Hector de MOYEN-
« COURT, chevalier, seigneur dudit lieu, a fait ériger
« ce monument pour perpétuer la mémoire et les
« armes de ses ancêtres, l'an du Seigneur 1565. »

Et au-dessus de cette épitaphe sont placés, sur une
plaque d'argent, les armes et blason de la famille de
Moyencourt, qui sont au premier quartier : « de
« gueules à la bande d'argent chargée en chef d'une
« croisette fichée de sable, et trois croix potencées de
« sable rangées en chef sur fond d'or. — Au 4me
« quartier sont : burelé d'argent et de sable de neuf
« pièces. — Au 3me quartier : d'azur à la face d'argent
« chargée de deux tourteaux de sable. Et au 2me
« quartier : d'azur à trois merlettes d'argent en chef.
« — Le support de ces armes sont deux lions. Le
« timbre est une couronne de vicomte, et la devise :
« *Medianis curtis, nobilis miles*, ou noble chevalier de
« Moyencourt. » (*Copie de ces épitaphes et blason sur
papier timbré formant 32 rôles*).

Cet inventaire de titres se termine ainsi :

« Ce premier inventaire contenant quarante et une
« pièces qui ont été recueillies et achetées par messire
« Jean-Antoine-Dumont de MOYENCOURT, mon père,
« tant du curé Pouillet, de MOYENCOURT, que de person-
« nes de la famille habitants à Clairy, à Namps-au-
« Val et à Poix, etc. »

Signé : A. C. S. Dumont, baron de MOYENCOURT,
chef de la famille de ce nom.

(Arras 1864.)

————◦◦◦————

JUGEMENT DE RECTIFICATION du nom *de Moïencourt*, rendu le
1er août 1867, en faveur de M. ALFRED DE MOÏENCOURT.

NAPOLÉON, par la grâce de Dieu et la volonté nationale,
empereur des Français, à tous présents et à venir, salut.

Le tribunal civil de première instance de l'arrondissement
communal de Neufchâtel, département de la Seine-Inférieure,
a rendu le jugement dont la teneur suit :

A MESSIEURS LES PRÉSIDENT ET JUGES COMPOSANT LE TRIBUNAL
CIVIL DE NEUFCHATEL.

« M. Louis-Ferdinand-Alfred de MOÏENCOURT, propriétaire,
demeurant au château de Luzières, commune de Conty
(Somme), ayant Me Boulanger pour avoué,

« A l'honneur de vous exposer ce qui suit :

« M. de Moïencourt est né à Aumale le 25 mai 1816, et c'est
à tort et par erreur si, dans son acte de naissance, inséré le
lendemain sur les registres de l'état civil de cette commune,
son nom de Moïencourt a été écrit Demoïencourt, d'un seul
mot, au lieu de l'avoir été en deux mots, qui est la véritable
manière de l'écrire.

« En effet, c'est en deux mots que ce nom se trouve porté
dans l'acte de mariage de son père, inscrit sur les registres
de l'état civil de la commune de Thoix (Somme) le 27 février 1815; dans l'acte de baptême de son aïeul, du 8 juin 1760;
dans les actes de baptême, mariage et décès de son bisaïeul,
des 2 juin 1728, 19 février 1754 et 4 août 1807; dans les actes
de baptême, mariage et décès de son trisaïeul, en date des
15 juin 1702, 5 juillet 1727 et 4 octobre 1766; dans les actes
de mariage et décès de son quatrisaïeul, des 5 août 1696 et

13 juillet 1738, et enfin dans l'acte de baptême du père de ce dernier, du 24 février 1639. Les actes de l'état civil produits démontrent donc que les ancêtres les plus reculés de l'exposant portaient en deux mots le nom DE MOÏENCOURT.

« Si dans l'acte de mariage de Adrien-Louis-Ferdinand de Moïencourt, grand-père de l'exposant, en date du 24 avril 1787, le nom patronymique de l'exposant est ainsi écrit d'un seul mot, Demoïencourt, si on remarque la même manière d'orthographier ce nom dans l'acte de naissance du père de l'exposant, en date du 15 vendémiaire an III, on demeurera convaincu que c'est par suite d'une erreur que la particule *de* s'est trouvée réunie au nom dans le premier de ces deux actes, en le rapprochant de l'acte de baptême dudit Adrien-Louis-Ferdinand de Moïencourt, en date du 8 juin 1760, et de tous les actes antérieurs; et que pour l'acte de naissance du père de l'exposant, il ne pourra pas en être autrement, quand on songera qu'à l'époque où cet acte a été rédigé, on était sous l'empire de lois révolutionnaires qui prohibaient toute désignation pouvant rappeler une qualification nobiliaire, et qu'à cette époque, la commune de Saint-Thibault, sur les registres de laquelle cet acte est écrit, avait dû changer son nom contre celui de l'Union, comme le constate cet acte lui-même.

« D'ailleurs, il est de principe, ce qui a été consacré par un arrêt de la cour de Paris du 3 mai 1864, que si le nom patronymique des membres d'une même famille est écrit d'une manière différente dans les actes de l'état civil, on doit préférer l'orthographe ancienne à la nouvelle; que l'orthographe ancienne doit être rétablie quand elle est constatée, comme dans l'espèce, par des preuves authentiques; que le temps ne peut changer les noms, et que le droit de ceux qui les portent est imprescriptible.

« En conséquence, l'exposant vous adresse la présente requête afin qu'il vous plaise,

« Messieurs,

« Vu l'exposé ci-dessus et les pièces à l'appui,

« Ordonner la rectification de l'acte de naissance de l'exposant, inscrit sur les registres de l'état civil de la ville d'Aumale, à la date du 26 mai 1816;

« Dire que le nom patronymique Demoïencourt sera écrit à l'avenir en deux mots : de Moïencourt, au lieu de l'être en un seul;

« Ordonner en conséquence que le jugement à intervenir sera transcrit littéralement sur les registres courants de l'état civil de la ville d'Aumale, après qu'une expédition en aura été représentée à l'officier de l'état civil de cette commune; et que mention de la rectification sera faite en marge de l'acte réformé par cet officier et par le greffier du tribunal, sur les registres déposés au greffe.

« Neufchâtel, le 23 juillet 1867,

« *Signé* : BOULENGER.

« Sera communiqué à M. le procureur impérial pour, sur ses conclusions, et au rapport de M. Corbinaud, juge, que nous commettons, être par le tribunal statué ce que de droit.

« Neufchâtel, le 23 juillet 1867.

« *Signé :* FOMBERT DEPALLIÈRES.

« Vu et n'empêche : Neufchâtel, le 24 juillet 1867.

« Pour le procureur impérial,

« *Signé* : GAILLET, *substitut.*

« Cejourd'hui jeudi, 1er août 1867, heure d'audience, en la salle d'audience publique du tribunal civil de première instance de l'arrondissement communal de Neufchâtel, département de la Seine-Inférieure, sise audit Neufchâtel, au palais de justice, les portes ouvertes au public,

« Où siégeaient :

« MM. Fombert-Depallières, président; Corbinaud et Croizé, juges;

« En présence de M. Gaillet, substitut de M. le procureur impérial,

« Assisté de Me Ballue, greffier;

« Rapport fait par M. Corbinaud, juge, d'une requête présentée par M. Louis-Ferdinand-Alfred de Moïencourt, demeurant au château de Luzières, commune de Conty (Somme), laquelle requête, signée de Me Boulenger, avoué, et datée du 23 juillet 1867, porte les conclusions écrites de M. le substitut de M. le procureur impérial;

« Le tribunal, après en avoir délibéré conformément à la loi :

« Motifs :

« Attendu qu'il résulte d'une requête présentée au nom de M. Louis-Ferdinand-Alfred de Moïencourt, propriétaire, demeurant au château de Luzières, commune de Conty (Somme); qu'il est né à Aumale, en cet arrondissement, le 25 mai 1816, et que c'est par erreur que dans l'acte constatant sa naissance, inscrit le lendemain sur les registres de l'état civil de cette commune, son nom de Moïencourt a été écrit Demoïencourt, en un seul mot, tandis qu'il aurait dû être écrit en deux mots séparés : de Moïencourt; que telle est la véritable manière de l'écrire;

« Que le nom de Moïencourt est écrit en effet en deux mots:

« 1° Dans l'acte civil du mariage de son père, inscrit sur les registres des actes de l'état civil de Thoix (Somme), le 27 février 1815 ;

« 2° Dans l'acte de baptême de son aïeul, en date, à Sarcus (Oise), du 8 juin 1760 ;

« 3° Dans les actes de baptême, mariage et décès de son bisaïeul, en date, à Sarcus, des 2 juillet 1728, 19 février 1754 et 4 août 1807 ;

« 4° Dans les actes de baptême, mariage et décès de son trisaïeul, en date des 15 juin 1702 ; 5 juillet 1727 et 4 octobre 1766 ;

« 5° Dans les actes de mariage et décès de son quatrisaïeul, des 5 août 1696 et 13 juillet 1738.

« 6° Enfin, dans l'acte de baptême du père de ce dernier, du 12 février 1639 ;

« Que si, dans l'acte de mariage du grand-père de l'exposant, en date du 24 avril 1787, le nom patronymique est écrit en un seul mot, et si la même manière de l'écrire existe dans l'acte du père de l'exposant, en date du 15 vendémiaire an III, il faut admettre une erreur dans le premier de ces actes, en le rapprochant surtout de l'acte de baptême du même grand-père, en date du 8 juin 1760 et de tous les actes antérieurs, et dans le deuxième de ces actes, une mesure de prudence commandée par les exigences révolutionnaires, la commune de Saint-Thibault, où cet acte a été inscrit, ayant elle-même cessé de s'appeler Saint-Thibault, et ayant été désignée sous la dénomination de l'Union, ainsi que le constate l'acte de naissance du 15 vendémiaire an III ;

« Qu'en conséquence de cet exposé, le sieur Louis-Ferdinand-Alfred de Moïencourt, né à Aumale le 25 mai 1816, demande la notification de l'acte de naissance qui lui est applicable ;

« Attendu que, de l'ensemble des actes produits, il appert que les ancêtres les plus reculés de l'exposant portaient en deux mots séparés le nom : de Moïencourt ;

« Que la particule de, distincte du mot Moïencourt, constitue une partie intégrante du nom de famille, plutôt qu'une qualification nobiliaire ;

« Que le tribunal est donc compétent pour ordonner dans l'acte de naissance de l'exposant le rétablissement de cette particule, séparée d'avec le nom Moïencourt ; que si cette même particule en a été séparée pendant un temps plus ou moins long dans deux des actes susvisés, il importe d'admettre dans l'un de ces actes une erreur manifeste, et dans le second une nécessité de l'époque, ainsi d'ailleurs qu'il a été expliqué plus haut ;

« Qu'il est de principe, en cas de différence dans la manière d'écrire un nom de famille, de préférer l'orthographe ancienne à l'orthographe nouvelle;

« Que le temps ne peut changer les noms, et que le droit de ceux qui les portent est imprescriptible;

« Qu'il y a donc lieu de rétablir l'orthographe patronymique du nom de l'exposant telle qu'elle existait anciennement, et d'ordonner la rectification demandée;

« Par ces motifs :

« Le tribunal, jugeant en matière sommaire et en premier ressort;

« Ouï M. le substitut de M. le procureur impérial, en ses conclusions conformes;

« Vu les actes produits à l'appui de la requête et les articles 99, 100 et 101 du Code Napoléon, 855 à 858 du Code de procédure civile;

« Ordonne la rectification de l'acte de naissance, applicable à l'exposant, et inscrit sur les registres de l'état civil de la ville d'Aumale le 25 mai 1816; en ce sens que son nom patronymique de Moïencourt y sera écrit en deux mots séparés : de Moïencourt, au lieu de l'être en un seul;

« Ordonne en conséquence que le présent jugement de rectification sera transcrit dans son entier sur les registres courants de l'état civil de la ville d'Aumale, et ce sur le vu de son expédition en forme, et à la diligence de l'intéressé, et que mention de cette même notification sera faite en marge de l'acte réformé, et déposé tant à l'hôtel de ville d'Aumale qu'au greffe civil de cet arrondissement;

« Ainsi prononcé en la salle d'audience publique dudit tribunal, les jour, mois, lieu et an susdits.

« *Signé :* etc.

« Enregistré à Neufchâtel, le 17 août 1867. »

Approuvé la présente Notice historique et généalogique, qui a été revue avec M Cuvillier.

Signé : ALFRED DE MOÏENCOURT,

Versailles, le 26 juillet 1867.

CUVILLIER,

ARCHIVISTE-GÉNÉALOGISTE.

Rue de la Barouillère, n° 2, à Paris.

Paris. — Typ. Rouge frères, Dunon et Fresné, rue du Four-St-Germain, 43

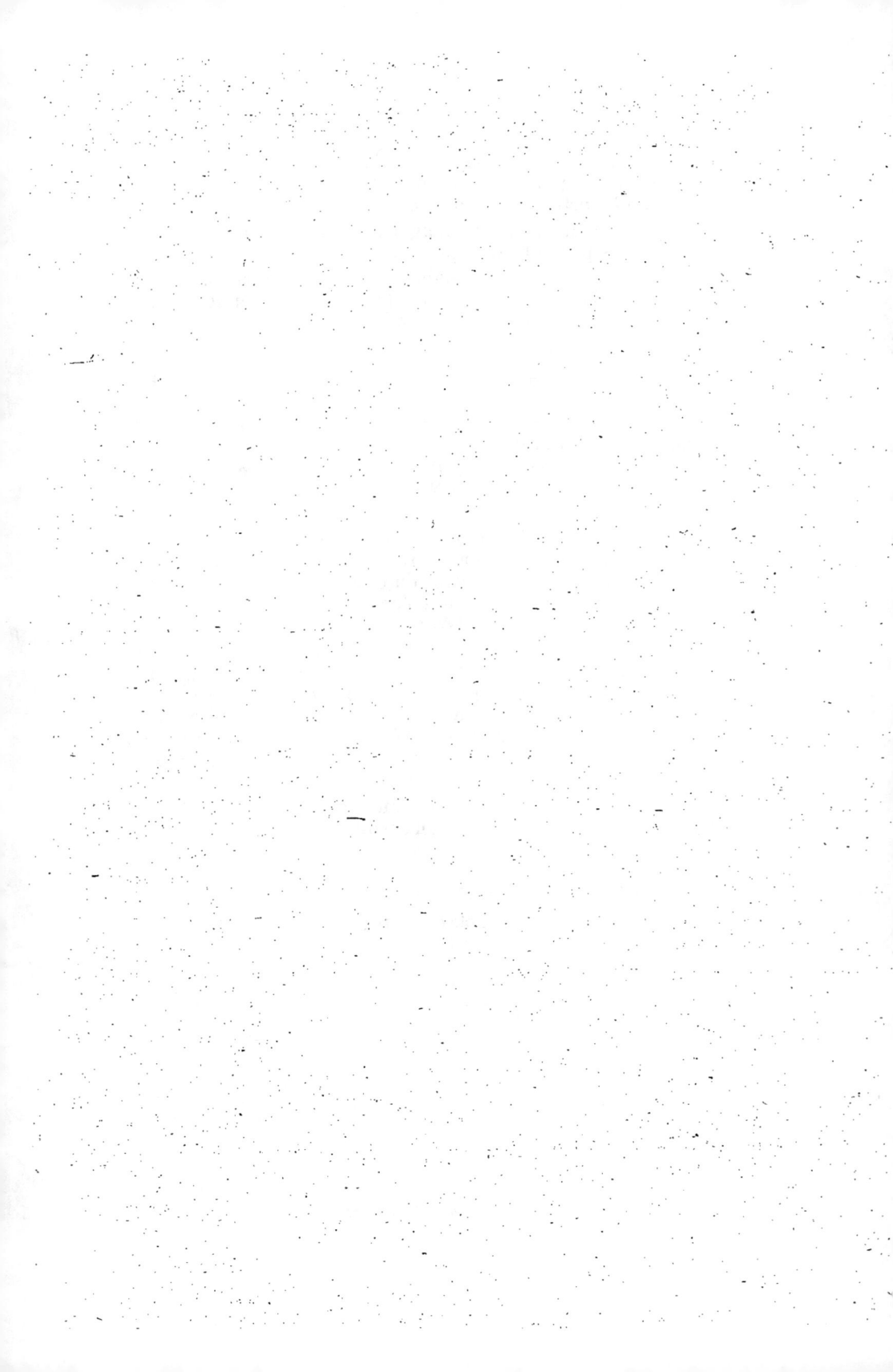

www.ingramcontent.com/pod-product-compliance
Lightning Source LLC
Chambersburg PA
CBHW070908280326
41934CB00008B/1632